아무튼, 인터뷰

아무튼, 인터뷰

은유

차례

프롤로그 ___ 6

첫 인터뷰 ___ 16
민중 섭외하기 ___ 26
전선인터뷰 ___ 36
연예인 만난 날 ___ 44
만나고 싶습니다 ___ 52
인터뷰, 불가능성의 가능성 ___ 64
끝이 끝은 아니다 ___ 72
인터뷰어의 공부법 ___ 80
질문지는 대화의 지도 ___ 98
그곳이 어디라도, 두 사람만 있다면 ___ 114

INFJ의 말문 트기 ____ 126

기죽지 않습니다 ____ 132

닫힌 질문과 열린 질문 ____ 136

듣는 일의 윤리 ____ 146

인터뷰 중 깜빡이를 켤 때 ____ 154

인터뷰를 다시 하라고요? ____ 162

어떤 반성문 ____ 170

인터뷰하는 마음 ____ 176

모른다는 것을 아는 사람 ____ 186

에필로그 ____ 194

부록: How to Interview ____ 203

프롤로그

> 사람은 몇 개의 귀를 가져야
> 타인의 울음소리를 들을 수 있을까.
>
> — 밥 딜런, ⟨blowin' in the wind⟩에서

한 권의 책을 수년이 흘러 다시 읽으면 밑줄이 남은 부분에서 여전히 움찔하기도 하지만 그땐 지나친 대목에 눈길이 머물기도 한다. 얼마 전 에릭 호퍼의 자전적 에세이 『길 위의 철학자』를 재독하며 나는 낯선 문장과 새롭게 마주쳤다. 저자는 평생을 떠돌이 노동자로 살면서 독학으로 사상을 구축한 남다른 이력을 가진 미국의 사회철학자로, 자신의 노동 경험을 화수분처럼 쏟아내는데, 아래는 그중 한 예화다.

어느 건설회사가 산 위에 도로를 낼 예정이었다. 회사 책임자는 인력 대행사에서 노동자를 공급받는 대신에 부랑자 거리에 트럭 두 대를 보냈다. 트럭에 올라타는 사람은 설혹 다리가 한쪽밖에 없어도 채용될 수 있었다. 그리고 환상적인 일이 벌어졌다. 우리들 중에는 목수와 대장장이, 불도저 운전기사, 착암기사도 많았고, 요리사, 응급 요원, 심

지어 공사판 십장도 있었다. 우리들은 막사와 조리용 오두막, 화장실, 샤워실을 짓고 다음 날 바로 도로 공사에 착수했다. 그 일은 전문가의 솜씨였다. 특히 석벽과 배수로는 예술 작품이었다."*

호퍼는 관찰자이자 건설노동자 당사자로서 "일이 척척 진행"**되었던 상황을 회고하며 이렇게 정리한다. "우리는 부랑자 거리의 포장도로에서 퍼낸 한 삽의 진흙에 불과했지만, 우리 스스로의 힘으로 언덕 옆에 아메리카를 건설할 수 있었다"***라고.

몸 써서 일하는 사람에 대한 존중과 긍지가 엿보이는 호퍼의 문장이다. 읽고 나니 고개가 끄덕여졌다. 진흙 무더기처럼 보이는 사람들이 가진 개개인의 고유한 힘에 대해, 그러니까 여러 요소가 충분히 결합하면 드러나는 한 존재의 준비된 재능에 대해, 사람은 겉으로 보이는 게 전부가 아니라는 사실에 대해 나도 조금은 알 것 같았다. 가까이는, 아흔

---

* 에릭 호퍼, 『길 위의 철학자』, 방대수 옮김, 이다미디어, 2014.
** 같은 책.
*** 같은 책.

이 되어가는 우리 아버지 생각이 났다. 요즘은 날마다 허물어져가는 육신을 TV 앞에 두고 하루를 버티는 고령인구로 존재하지만, 젊었을 때 건축기사로 일했기에 당장이라도 '한 삽'의 일부로 현장에 출동하면 제 몫을 해내지 않을까 싶었다. 왜, 오랜 속담도 있지 않은가. 여자 셋이 모이면 소도 잡는다는 (소야, 미안해). 약해 보이는 존재들이 힘과 지혜를 합하면 못 할 일이 없다는 뜻이다. 2024년 12월 3일 계엄령이 떨어진 날 국회로 밀고 들어온 군용차에 맨몸으로 맞선 사람은 유명 정치인이 아닌 평범한 민중1, 33세 직장인 김동현 씨였던 것처럼.

이렇듯 호퍼가 살았던 시대의 미국에도 있었고 지금 이 땅에도 마을마다 집집마다 사는 '위대한 평민들'을 만날 수 있는 평생 회원권 같은 티켓이 어느 날 내 손에 주어졌다. 자유기고가라는 이름의 명함으로. 노동할 능력이 있거나 없거나 손에 잡히는 성취를 이뤘거나 아니거나 상관없이 '오늘도 살아 있음'이라는 삶의 과제를 수행하는 사람들을 만나서 글로 쓰는 일이었고, 나는 그 일에 빠져들었다.

첫 취재부터 한동안은 인터뷰를 맡았다. 자유기고가는 고정된 일터에 정시 출퇴근을 하는 게 아니므로 일정은 날마다 달라졌다. 양육자인 나는 집에 있기도 하고 없기도 한 존재였다. 아이는 어린이집 등원 길에 매번 나의 얼굴을 올려다보며 스케줄을 확인했다. "엄마 오늘은 인터뷰 가?" 밖에서 전화를 걸면 꼭 물어봤다. "인터뷰 언제 끝나?" 다섯 살 아이는 엄마의 직무에 대해 꼬박꼬박 '인터뷰'라고 발음했다. 아마도 내가 그리 말했을 거다. "인터뷰하고 올게." 근데 나는 왜 일하고 온다거나 출근한다가 아니라 인터뷰하러 간다고 말했나. 지금 되짚어보면 이유는 단순해 보인다. 그게 너무 좋아서. 자꾸 말하면 내 것이 되는 거 같아서가 아니었을까. 무엇이 싫으면 입에도 올리기 싫은 법인데, 저리 말한 걸 보면 애초부터 일에 대한 긍지와 애정이 넘쳤음이 분명하다.

막 말을 배우는 아이가 '인터뷰'라는 말을 그냥 흡수했듯이, 막 일을 시작한 나도 아이처럼 '인터뷰'라는 일을 그냥 받아들였다. 운명의 여신이 '옛다, 인터뷰' 하고 던져준 일을 덥석 끌어안았다. 인터뷰가 무엇인지 몰랐기에 겁 없이 사랑했다. 인터뷰를 시작한 이후로 주변에 보이는 한 사람 한 사람이 너무도 궁금하고 커 보여서 혼자 '민중자서전'이라는 인터뷰 프로젝트를 기획하고 실행할 만큼

미쳐 있었다. 그때 만약 아이에게 내가 하는 일을 설명해야 했다면 뭐라고 말했을지 상상해본다. '인터뷰는 어떤 사람과 마주 보고 앉아서 그가 가진 보물 같은 이야기를 감탄하며 듣고 잘 들고 와서 다른 이에게 고이 전달하는 일이야.' 실제로 나는 인터뷰를 마치고 집에 올 때면 과격한 움직임을 자제하고 살살 걸었는데, 몸에 차곡차곡 담아온 이야기가 헝클어질까 봐 그랬다. 인터뷰는 사람 이야기를 경청하고 운반하여 가공하고 다시 세상에 내보내는 과정으로 이루어진다. 우리가 평소에 하는 대화의 심화 확장 버전이라고 봐도 무방할 것 같다. 그래서 별도의 이력이나 기술 자격증을 가지지 않은 나도 큰 무리 없이 인터뷰라는 세계에 슬며시 들어갈 수 있었다. 그러다가 점점 삶의 모든 나날에 단 한 번의 인터뷰를 잘 해내기 위해 감각과 지성을 최대치로 끌어올리려고 노력하고 싶은 일이 되었다.

"두려움만이 우리를 가르칠 수 있다"*는 스베틀라나 알렉시예비치의 말은 옳았다. 나는 사람을

---

* 스베틀라나 알렉시예비치, 『체르노빌의 목소리』, 김은혜 옮김, 새잎, 2011.

좋아하는 만큼 두려워한다. 두려움이 계속 알고 싶게 하고 공부하게 했다. 좋아하기만 했다면 어느새 인터뷰에 싫증을 느꼈을지도 모르겠다. 삼십대에 시작해서 오십대인 지금까지 사람에 대한 마르지 않는 호기심을 공급해준 에너지원은 내가 만난 사람이다. 가까이 다가가면 저만치 멀어지는 사람. 쓰지 않으면 안 되는 이야기를 들려주어 나를 책상 앞에 앉게 만든 감독관도 사람이고, 사람 노릇에 대한 고민과 실천을 재촉한 것도 사람이다.

　사람이 사람에게 주는 이로움과 대단함을 나누고 싶어서 나는 글쓰기 수업 과제에 '인터뷰하기'를 꼭 포함시킨다. 낯선 사람의 말에 빠져드는 훈련, 사람에 대한 이해의 업데이트, 산다는 것에 대한 현실 감각 키우기. 이 세 가지는 창작자에게 필요한 자질이다. 독서만으로는 메워지지 않는 영역이 있고, 한 사람의 삶에 잠겨 있다가 나올 때만 몸에 배는 가르침이 있다. 그래서 인터뷰 과제를 마치고 나면 학인들도 어김없이 좋아한다. 친구를 엄마를 동료를 인터뷰하고 친구를 엄마를 동료를 조금은 이해하게 됐다는, 혹은 다른 면을 알게 됐다는, 더 이야기해봐야겠다는 소감이 돌아온다. 그렇게 더 듣고 싶다고 말하는 이의 눈빛은 언제나 순해지는데, 그걸 보는 내 얼굴에도 덩달아 미소가 떠오른다. 사랑의 능력을 퇴화시키고 혐오를 부추기는 세상이지만 타인에 대해 섣부르게 단정 짓지 않고 서로에게 닿으려 노력하는 사람이 있고, 그 마음을 인터뷰가 돕는다는 걸 아는 사람이 지상에 늘어나고 있다는 데 나는 잔잔한 희망을 느낀다.

서두에 인용한 에릭 호퍼의 '환상적인 일' 에피소드를 나는 인터뷰에 관한 우화로 읽었다. 사람이란 존재의 놀라움, 세상이 누구의 손으로 만들어지고 어떻게 굴러가는지에 대한 깨달음은 현장에서 목격할 때 훨씬 다채롭고 환상적이다. 그러한 끌림에 매혹되어 한 사람 한 사람 만나다 보니 여섯 권의 인터뷰집을 쓰게 되었다. 지금껏 펴낸 책의 절반이 인터뷰 기반의 책이다. 사람의 말이 글이 되고, 글이 밥이 되고, 밥이 나를 또 사람의 말 앞에 데려다 놓는 일상의 순환 속에서 엄마의 귀가를 재촉하던 아이는 성인으로 자랐고, 나는 인터뷰라는 수줍은 첫사랑을 책으로 공개하는 뻔뻔한 작가가 되었다.

세상이 가하는 고통에 상처받은 이들이 그림, 음악, 연극으로 아픔을 치유하는 일을 두고 미술 치료, 음악 치료, 연극 치료라고 부르는 것에 착안해 말하자면, 이 책을 쓰면서 내가 20년간 기나긴 '인터뷰 치료'를 받았다는 사실을 깨달았다. 『아무튼, 인터뷰』는 타인을 만나서 나의 기억과 감정으로 들어가는 관문을 발견하는 성장 서사이고, 까이고 거절당하고 실망하며 다져진 관계의 근육으로 아직 밥벌이를 하고 있는 어느 노동자의 생존기이다. 첫 인터뷰부터 가장 최근 인터뷰까지 20년의 시간을 아울렀다. 제아무리 경험이 쌓여도 숙련공이 될 수는 없는 게 인터뷰라는 생각이 들지만, 그래도 나눌 만한 정보와 방법을 추려서 글 속에 녹여내려고 노력했다. 내 인터뷰 이야기가 인터뷰를 직업으로 하는 사람, 그리고 타인의 눈을 바라보는 일이 어색하고 관계를 트는 일에 매번 고꾸라지는 이들을 위한 안내서가 되어도 좋을 것 같다.

첫 인터뷰

삶에 별빛을 섞으십시오.
그러면 하찮은 일에 마음이 괴롭지 않을 겁니다.
— 마리아 포포바, 『진리의 발견』에서

    생애 첫 인터뷰가 있던 날은 2005년 여름이었다. 서울 지하철 2호선 봉천역 의자에 앉아 한 손에 A4 용지를 쥐고 사진가를 기다리는 한 사람. 그날의 내 모습이 아련히 떠오른다. 뽑아온 질문지를 읽고 또 읽었다. '인터뷰가 뭐 별건가. 잘 물어보고 대답을 잘 들어 오면 되는 거지'라고 생각하면서도 시간이 임박할수록 초조함으로 몸이 조였다. "처음 봉사를 하게 된 계기는 무엇입니까?" 입으로 중얼중얼 톤과 억양을 바꾸어가며 최대한 자연스럽게 발음해보았다. 나로 말하자면 서른다섯 살 신입사원인 셈. 얼굴은 고속 승진한 팀장급인데 초보자 티가 나면 곤란했다.

    내가 맡은 인터뷰는 한 종교단체에서 발행하는 월간지의 봉사자 코너였다. 인터뷰이 성함은 황금례(60). 이름부터 찬란했고 봉사로 꽉 채운 인생은 다이아몬드처럼 면면이 빛났다. 그는 입양되기 전 아이들을 돌보는 위탁모였다. 처음엔 비장애 아이들을 맡다가 돌봄이 익숙해지자 다운증후군 등을 가진 장애 아동을 맡았다. 10년 세월 그의 손을 거쳐 간 아이가 100명이 넘는다. 그동안 그의 4남매도 막내까지 성인이 되었다. 바쁜 엄마를 둔 덕에 아이들은 자기 일은 스스로 하는 사람으로 자랐다. 황 선생님은 대화 내내 "고맙죠, 고마운 일이죠"란 말을 추임새처럼 넣었다. 봉사를 받는 게 아니라 하는 입장에서 무에 그리 고마우시냐고 물었더니,

"이 한 몸 건강해서 일할 수 있는 게 고맙고, 어려운 자식 농사를 잘 짓게 해준 것도 감사하고, 고속버스를 운전하는 남편이 안전하게 일할 수 있는 것도 감사하고, 생각해보면 다 고마운 일이에요."

이 좋은 봉사를 멈출 수 없었다. 황 선생님은 안양에 있는 나환자 마을 '나자로'를 찾아갔다. 그곳에 온 봉사자 중 나이가 젊은 축이었던 그는 제일 힘든 빨래 일을 자원했다. 옷을 빨아 말려서 개키다가 낡은 옷들은 추려 집에 가져와 꿰매고 고쳐서 새 옷을 만들어다 드리면 할머니 할아버지 들이 무척 좋아하시는데 그걸 보는 게 그렇게 좋을 수가 없었다. '만약 저분들이 내 부모라면' 하는 생각에 한 분 한 분 그냥 넘겨지지가 않았다. 나자로 마을은 처음에는 인원이 80-90명쯤 되었으나 시간이 지날수록

돌아가시는 분이 늘었고 일손이 많이 필요치 않게 되었다. 18년간 나자로 마을 봉사를 마친 그는 봉천동 복지관으로 터전을 옮겨 무료급식 봉사를 하고 있다고 했다.

아, 이분은 마더 테레사의 현신이 아닌가. 그가 긴 세월 일구월심으로 임한 봉사 자체도 대단하지만 그런 활동 중에서도 더 힘든 일을 자처한다거나 굳이 안 해도 되는 일까지 만들어서 행동하는 부분이 내겐 감동 포인트였다. 좋아서 하다 보니 이것도 하고 싶고 저것도 하고 싶고 창의성이 샘솟아난 것이다.

황 선생님에게 '봉사하는 삶'을 살고 싶다는 마음이 처음으로 싹튼 게 언제인지 묻자 "처녀 적에" 그러니까 결혼 전부터 소록도에 가서 나환자를 돌보고 싶었단다. 가톨릭 신자였기에 신앙에서 우러난 자연스러운 마음이었다고 했다. 또 친정 엄마가 평생 좋은 일을 정말 많이 하셨다고 덧붙였다.

"그래서인지 엄마가 너무 편안하고 곱게 돌아가셨죠. 늘 엄마의 그림자라도 따르고 싶었어요."

사는 동안 많은 돈을 축적하고 싶어 하는 게 아니라 죽는 순간 고운 얼굴을 갖고 싶어 하는 사람이 있었다. 그것도 내 눈앞에. 그런데, 그렇지만, 아무리 그래도…. 한 인간의 욕망, 어둠, 나약함을 지워버린 말끔한 위인전 서사를 믿지 않는 나이가 된 부장님뻘의 초보 인터뷰어인 나는 '그래도의 덫'에서 빠져나오지 못했다. 아홉이 있으면 열을 채우고 싶고 아흔아홉을 가지면 백을 이루고 싶은 게 사람 마음이라고 배웠던 '상식'이 자꾸만 고개를 들었다. 그의 진심을 의심한다기보다 나의 진심을 숨기고 싶지 않았다. 그래서 조심스레 여쭈었다. 혹시 평생 봉사활동을 이어오면서 자신의 노동력을 돈으로 환산해본 적은 없는지.

"왜요, 있었죠. 주위에서 이제 산후도우미 같은 직업을 갖고 아예 돈을 버는 게 어떻겠느냐 권유하기도 해요. 근데 그 돈 더 있어서 뭐 해요. 내가 많이 배워서 남들에게 가르칠 수 있는 것도 아니고 재산이 많아서 돈을 척척 기부할 수 있는 것도 아니고 할 수 있는 일이라고는 몸으로 하는 일, 이거밖에 없는데 계속해야죠."

나의 망설임이 무색할 정도로 주저 없는 답변이고 알짜배기 어록이었다. 돈보다 중한 가치가 있다는 단순명쾌한 대답으로 일말의 의아함까지 해소됐다. 정신을 차려보니 두 시간이 훌쩍 지나 있었다. 인터뷰가 끝났다. 인터뷰를 마쳤다. 그것도 무사히.

집으로 오는 길에 가슴이 빵처럼 부풀어 오르고 자꾸만 입꼬리가 올라갔다. 이것이 인생이지! 책이나 매체에 나오는 훌륭한 사람이 아니라 지하철역 개찰구에서 반대 방향으로 스칠 것 같은 평범한 사람이 남이 알아주든 말든 따지지 않고 30년이나 이타적인 삶을 살았고, 그 이야기를 나는 직접 들었다. 마치 인생 수업 족집게 과외를 받은 것처럼 머릿속이 환해졌다. 또 인터뷰하러 가기 직전까지 속을 시끄럽게 만들던 현실의 다글다글한 일들이 대수롭지 않게 느껴졌다. 가령, 아이 키우는 문제. 아이는 부모의 뒷등을 보고 자란다, 나나 똑바로 살자. 돈 문제. 돈 더 있으면 뭐 하고 없으면 어떤가, 세 끼니 밥 먹으면 그만이지. 삶의 태도 문제. 왜 사느냐는 모르겠고, 어떤 표정으로 죽을 것인가나 고민하자.

인터뷰, 생각보다 쉽네? 게다가 즐겁고 유익하네? 질문 하나만 던지면 식탁 위의 고양이가 앞발로 건드린 두루마리 휴지가 떨어져서 풀리듯이 자동으로 이야기가 흘러나왔다. 잘 모르겠어서 무슨 말씀이신지 물어보면 예기치 못한 진실 꾸러미가 딸려왔다. 나의 고개는 저절로 끄덕여지고 손은 재빠르게 받아 적으니 무엇이 문제란 말인가.(그때는 녹음하지 않고 취재 수첩에 속기사처럼 나만 알아볼 수 있는 글자로 필기를 했다.)

집에 가자마자 가방을 던져놓고 책상에 딱 붙어서 원고를 썼다. 그의 위탁모 시절 10년을 "마치 바다 위로 내려앉는 빗물처럼, 아무런 자취도 남기지 않는 맑은 정이 묵묵히 흐르고 흘러 긴 시간의 강을 이루었다"라고 소개하며 '백 명의 아기를 빗물 같은 정으로 길러내'라는 중간제목도 달았다. 감정 과잉이 그대로 행간마다 배어 있는 글이었다. 나에게 자유기고가 일을 소개해준 귀인 선배이자 담당 편집자에게 원고를 보냈다. 피드백을 받고 일부를 고치느라 메일을 주고받고 통화하던 중 선배가 생각났다는 듯이 말을 꺼냈다.

"참, ○○ 사진가가 너 취재 처음 나온 거냐고 묻더라?"

나는 흠칫 놀랐다. 득의양양하던 기세가 그새 폭 꺾여서는 기어들어가는 목소리로 물었다.

"어머, 어떻게 알았지? 초보자 티가 많이 났나 보네요…(운다)."

"그게 아니고 인터뷰이 사진을 찍어야 하는데 네가 두 시간이 넘어도 이야기를 안 끝내고 계속 진행하더래. 처음 나온 걸 눈치챈 거지. 다음부터는 사진 찍는 시간을 고려하면서 해."

첫 인터뷰의 교훈은 엉뚱한 데서 찾아왔다. 인터뷰는 혼자 일이 아닌 협업이라는 것. 나는 인터뷰이-인터뷰어 관계에만 매몰되어 있어서 놓쳤는데 그제야 글작가-사진작가라는 동료 관계도 눈에 들어왔다. 인터뷰라는 생방송과 다름없는 현장에서 주어진 시간 안에 '일이 되게 하는' 협업의 질서를 만들려면 시간 안배는 기본 중의 기본이었다. 다음부턴 앞 사람만 보지 말고 옆 사람도 보자고 다짐했다.

불행인지 다행인지 두 번째 취재 때는 다른 사진작가를 만났다. 그분은 인물사진 전문가로, 나도 이름을 들어본 업계의 베테랑이었다. 선배가 그에게 내가 일을 시작한 지 얼마 안 됐으니 이것저것 잘 가르쳐주라고 부탁한 모양이었다. 희끗한 곱슬머리에 모서리가 닳은 사진 가방을 메고 나타난 그는 취재하러 가는 차 안에서 짧지만 강렬한 당부를 들려주었다.

"프리랜서는 두 가지만 기억하면 돼요. 하나는

자기 색깔을 보여주는 것. 다른 하나는 시간을 지키는 것."

(인터뷰는 족집게 과외!) 배우는 사람은 복종하는 사람이다. 나는 그 말을 곧이곧대로 따랐다. 나만 쓸 수 있는 글이 무엇인지 모르면서도 그렇게 쓰려 노력했고, 일에 따르는 모든 약속을 준수하기 위해 시침과 분침이 선명하게 보이는 손목시계를 항상 차고 다니며 시간을 다스렸다. 여기서 시간 안배란 여러 포인트를 일컫는다. 인터뷰 장소에 도착할 시간, 인터뷰이의 대답을 기다릴 시간, 인터뷰를 마칠 시간, 인물사진을 찍을 시간, 나만의 색깔을 보여줄 자료 준비 시간, 초고 쓸 시간, 퇴고할 시간, 원고 넘길 시간, 피드백 기다릴 시간, 다음 취재를 준비할 시간 등등. 나의 일상은 인터뷰를 중심으로 분침의 작은 발걸음과 보폭을 맞춰 나아갔다.

생애 첫 인터뷰에서 봉사 경력 30년의 현자(賢者) 선생님을 만나서 극락 체험을 한 것도, 막 일을 배우는 초기에 실수를 일러주어 좋은 습관을 길러준 동료들을 만난 것도 크나큰 행운이었다. 아마 나는 첫 인터뷰 경험을 통해 어렴풋이 예감했던 거 같다. 앞으로 만나는 사람들이 내게 많은 것을 내주리란 사실을. 갑자기 하늘에서 동아줄이 내려오듯 내게 아주 귀한 기회가 왔음을.

민중 섭외하기

> 사실상 무엇인가에 대해 쓰지 않으면
> 그것은 존재하지 않으니까요.
> ― 아니 에르노, 『진정한 장소』에서

 2000년대 중반은 기업마다 '윤리 경영'을 표방하는 시절이었으니 갑(기업), 을(편집회사), 병의 위치에서 문필하청업자로 일하는 나의 인터뷰 일도 성수기를 맞았다. 겨울철이면 기업의 CEO가 잔뜩 쌓아놓은 연탄을 배경으로 달동네 주민들과 사진을 찍거나 김장 담그기 봉사를 한다며 빨간 고무장갑을 끼고 활짝 웃는 장면을 연출했다. 신입사원 연수 프로그램으로 장애인 시설 봉사활동이 포함돼 있었다. 나는 그 현장을 동행하며 동절기에는 거의 매주 단발성 스케치 기사를 쳐냈다. 그렇게 '미담 기사의 기운'이 밀려오더니만 드디어 큰 것이 왔다. 어느 대기업 재단에서 연말마다 마치 배우들의 연기대상처럼 봉사대회를 열었는데, 최고 상금이 1억으로 규모가 제법 컸다. 그 봉사대회 시상식에 맞춰 발간하는 수상자들 인터뷰집 작업 의뢰가 들어온 것이다.

 나는 봉사 경력이 최소 20년인 전국 방방곡곡의 '황금례들'을 만났다. 그간의 활동을 증명하는 사진과 서류가 든 두툼한 자료 더미를 가방에 넣고 다니며 봉사자들이 있는 곳으로 직접 찾아가서 사연을 들었다. 좀 놀란 게, 그들은 대개 마을버스를 타고 찾아가야 하는 외진 동네에 살았다. 사람을 집이나 겉모습만 보고 판단할 순 없지만, 평생 봉사의 외길을 걸어온 분들은 그다지 '부자'가 아니었다. 있어서 나누는 게 아니라 나누다 보면 나눌 게 생기는 건가? 없는 사람의 설움을 없는 사람이 아는 걸까?

나는 삶이라는 과업에 쪼그라들지 않고 배포 있게 나누며 살아가는 사람이 있다는, 게다가 적지 않다는 사실에 경탄과 호기심이 일었다. 이듬해에도 그다음 해에도 봉사상 수상자 인터뷰 작업을 이어갔다. 내가 모르는 삶이 있는 곳이라면 밤낮을 지역을 주말을 가리지 않고 찾아갔다. 그들이 봉사를 멈출 수 없듯이 나는 인터뷰를 멈출 수 없었다. 정확하진 않지만 아마도 100명은 족히 넘는 이들을 만났을 즈음, 운명처럼 한 단어가 머릿속에 스쳐 갔다.

민중.

나는 1971년생으로서 1987년 민주화운동 시기에 청소년기를 통과했다. 두 살 터울의 오빠가 마침 대학생이었으니, 사회과학 서적이 늘 손에 닿는 곳에 있었다. 마르크스와 전태일의 책에서 세상을 떠받치는 존재가 일하는 사람임을, 즉 노동자와 민초들이 역사의 주인이라고 배웠다. 노상 쓰면서도 실감이 모호했던 '민중' 같은 개념의 형체가 인터뷰를 하다 보니 잡히는 기분이었다. 이들이 아니라면 대체 누가 민중이란 말인가.

인터뷰를 업으로 삼은 서른 중반부터 읽기 시작한 독일 철학자 프리드리히 니체도 내 인터뷰 가치관 정립에 이론적 근거를 뒷받침해주었다. 특히 자기 좋음에서 출발하면 귀족의 도덕, 남의 좋음에서 출발하면 노예의 도덕이라는 분류법은 내게 사람을 이해하는 만능 키가 되었다. '돈'을 최우선으로 삼는 세속의 척도에 현혹되지 않고 자기만의 삶의 가치에 따라 사는 나의 인터뷰이들이야말로 귀족적 삶의 표본이 아닌가!

'이 사람을 보라'(니체 책 제목이다). 아니다. 이 민중들을 좀 보라고, 세상을 향해 외치고 싶었다. 내가 만난 분들의 멋진 이야기를 나만 아는 것이 도무지 안타깝고, 사보에만 실리고 사라지는 것도 너무나 아까웠다. 이미 쓴 인터뷰 기사는 기록으로 저장해두고, 주변의 평범한데 비범한 삶을 사는 분들을 더 찾아서 만나고 싶다는 작은 포부가 움텄다. 외주 받는 일 말고 개인 작업의 욕구가 생긴 것이다. 당장 블로그를 만들고 되는 대로 제목을 달았다. 21세기 민중자서전. 그걸 본 초기 방문자들, 그러니까 나의 친구들은 하나같이 어이없어하며 타박했다. 이제 와서 웬 민중 타령이냐고. 나는 굴하지 않았다. 그래서 21세기를 달았잖아. 얘들아, 민중은 어느 시대에나 존재한단다. 누가 뭐라고 하거나 말거나 니체의 명언으로 슬로건도 달아놓았다. "자기만의 길을 가는 사람은 누구와도 만나지 않는다."

나만의 '민중자서전 프로젝트'가 시작됐다. 인터뷰는 섭외가 반이라는 말이 있다. 시작이 어려워서 '시작이 반'이라는 말이 있듯이, 그만큼 인터뷰에서도 사람 찾아내기가 어렵다는 뜻이다. 자유기고가로 일할 땐 사보기획자가 만나야 할 사람을 알아보고 정해주었지만, 민중자서전 작업은 섭외부터 내 몫이었다. 무엇부터 어떻게 해야 할지 막막했지만 매뉴얼이 딱히 있을 것 같지는 않았다. 글쓰기도 혼자 배운 나답게 인터뷰 역시 부딪히며 해나갔다. 사실 '왜 누구를 만나고 싶은가' 목적과 방향이 정해지면 섭외는 시간과 의지에 달렸다. 나의 경우는 일단 멀리 가긴 힘드니까 '한양에서 김서방 찾기'처럼 주거지인 서울에서 자기만의 길을 가는 '김

씨' 찾기로 인터뷰이 대상을 좁혔다. 평소에 오가다 만나고 스치는 사람들을 카메라 줌렌즈로 당기듯 주목하며 인터뷰 대상으로 적절성 여부를 관찰하기 시작했다.

첫 인터뷰이로 눈에 들어온 '민중1'은 내가 사는 아파트 경비 아저씨였다. 우리 아파트는 20평형으로 영유아를 키우는 젊은 부부와 독거노인의 거주 비율이 높았다. 유모차가 지나가거나 지팡이를 짚은 어르신들이 승강기를 타고 내릴 때면 경비원 아저씨가 나서서 거들어주곤 했다. 그는 또 매주 화요일 분리수거 날이 되면 각종 쓰레기더미 옆을 지키면서 "사모님 두고 가세요" "어르신 제가 할게요" 하며 생활의 폐기물들을 무슨 보물단지라도 되는 양 떠안았다. 상대가 미안하지 않게 최대한 정중했다. 택배가 오면 '몇 호 택배 찾아가세요'라고 쓰인 방이 승강기 앞에 붙었는데 필체마저 아저씨의 인상처럼 온화했다. 내가 목격한 미담이 끝도 없었다. 원래부터 성실하고 좋은 아저씨인 줄은 알았지만 인터뷰이로 낙점하고 나자 사회적 기준인 직업의 귀천을 전복한 사람, 경비원이라는 직업이 자긍심의 원천이 될 수 있음을 보여준 인물, 바로 자기 삶의 가치를 창조하는 니체적 의미의 민중1로 손색이 없어 보였다.

문제는 섭외. 인터뷰하자는 제안을 어떻게 드릴지가 관건이었다. 유명 작가가 아닌 데다 유력 매체에 인터뷰 글이 실리는 것도 아니거니와 그렇다고 누가 시키지도 않은 민중자서전 작업을 진행 중이라고 말하기는 너무나 뜬금없었다. 헤어진 애인의 집이라도 되는 양 경비실 주변을 어정거리길 한두 달, 아저씨가 가장 한가로운 시간대를 파악했다. 오후 8시쯤엔 식사를 마치고 항상 경비실에 앉아 계셨다. 그 시간에 맞춰 경비실로 내려갔다.

"아저씨, 안녕하세요. 제가 글을 쓰는 일을 하거든요. 사보같이 작은 매체에 쓰고 있는데요…. 아저씨를 2년 넘게 뵙다 보니, 궂은일도 마다 않고 일을 너무 즐겁게 하시고 주민들을 위하는 마음이 존경스럽기도 하고…. 그냥 사는 이야기를 좀 듣고 싶어서 인터뷰를 제안드릴까 하는데… 어, 그런데 어디 잡지에 글이 실리는 건 아니고… 제가 써서 블로그에 두고 보려고요. 하하하. 좀 이상하지만… 시간을 내주실 수 있을까요?"

겨우 더듬더듬 용건을 전했다. 나를 설명해야 하거늘 번듯한 명함이 없고, 인터뷰의 쓰임을 설명해야 하는데 그게 일일 방문객 100명이 안 되는 휑한 블로그 게재용이고, 뭐 하나 그럴싸한 게 없는 상황이 면구스러웠다. 하지만 내가 선정한 민중1 아닌가. 기대를 저버리지 않고 경비 아저씨는 흔쾌히 수락했다. "좋습니다!" 나는 바로 시간 약속을 잡고는 고마움의 표시로 미리 준비해 간 김밥을 내밀었다. "애들 먹일 거 싸면서 한 줄 더 쌌으니 출출할 때 드세요"라는 말을 남기고 황급히 돌아 나왔다. 두 사람이 들어가면 꽉 차는 경비실을 나오니 무슨 밀착 면접이라도 본 것처럼 긴장이 풀리고 안도의 숨이 터졌다. 휴우!

나는 스스로 한 사람을 섭외해보는 과정에서 '두드리면 열릴 것이다'라는 말을 체감했다. 그렇다고 아무 때나 두드리는 게 아니라 '타이밍'을 맞추는 게 성사의 핵심이다. 섭외는 서로의 필요를 조율하는 과정이다. 내가 아무리 고심하다 말을 걸더라도 상대방 입장에서 보면 어떤 제안이든 '불쑥' 난데없이 들어오는 거다. 그렇기에 상대의 처지를 충분히 헤아리고 접근해야지, 자기 목적에만 몰두하면 무례를 범하는 꼴이 되기 쉽다. 나는 '이야기 약탈자'처럼 굴지 않기 위해 최대한 신중을 기했다.

내가 만나고자 하는 경비 아저씨가 주민의 안색과 필요를 세심하게 살피는 지혜로운 동반자로서 경비 노동자의 모습을 몸소 보여준 분이니까, 나도 응당 그래야 했다. 인터뷰는 사람 이야기를 뺏어 오는 일이 아니라 한 사람 이야기가 세상 밖으로 흘러나오도록 다른 한 사람이 다가가서 경청하고 전달하는 통로가 되는 일임을, 경비 아저씨는 당신의 업으로 내게 알려주셨다.

전선인터뷰

> 주변부로 밀려난 것은
> 때로 가장 중심에 놓여 있다.
>
> — 사라 아메드, 『감정의 문화정치』에서

북토크 중에 자주 받는 질문이 있다. 작가님이 자전적 산문을 쓰고 글쓰기 책을 쓰더니 '어느 날 갑자기' 사회적 약자에 대한 인터뷰를 하고 르포를 쓰고 있더라며 계기가 무엇이냐는 거다. 이런 질문을 처음 받았을 때는 어리둥절했으나 독자 입장에서는 그럴 수도 있겠다 싶었다. 나는 간추려 말한다. "제가 자유기고가로 일할 때부터 인터뷰를 좋아했고요, 사회문제에는 고등학교 때부터 관심이 많았어요. 이런 저의 성향이 글에 드러났는지 그걸 알아봐준 출판사 편집자가 사회적 약자에 관한 르포를 제안해서 하게 됐고요, 그걸 또 읽어주는 분들이 있어서 계속 관련한 작업을 이어갈 수 있었습니다."

고양이가 먹는 캣 그래스를 키울 때도 흙에 씨앗을 뿌려놓으면 '어느 날 갑자기' 파릇한 잎새가 뽀죽하게 올라와 나를 깜짝 놀라게 했다. 하지만 씨앗 입장에서는 흙 아래서 빛과 바람과 물을 빨아올리며 발아를 위한 준비를 맹렬히 했을 거다. 나에게도 그와 같이 땅 아래에서 양분 모으는 시간이 있었고, 좀 길었다.

자유기고가로 일하는 만 3년 동안 정말이지 일복이 터졌다. 한 선배가 "어느 날 보니까 거의 모든 사보에 네 이름이 있더라"라고 말할 정도였다. 인정받는 기분이 들고 일이 재밌기도 했지만 어느 순간 위기가 왔다. 누굴 만나도 무엇을 취재해도 원고 10매, 20매 분량을 채우는 게 어렵지 않았다. 형식이 내용을 지배한다고, 기업 홍보용 매체인 사보가 원하는 글의 형식이나 톤이 한정돼 있다 보니 모든 사람의 이야기가 비슷하고 뻔해지는 느낌이 들었다. 가난한 사람을 만나도 구조적 비판은 금지, 긍정과 희망만을 담자니 답답하고 공허했다. 창의력 10퍼센트만 가동해도 돈을 벌 수 있다는 사실은 되게 꿀 빠는 일일 것 같았는데 점점 나를 무기력하게 만들었다. 이것이 슬럼프인가. 인터뷰가 심드렁해지면서 자의 반 타의 반 사보 일이 줄었고 당연히 수입도 줄었다. 나는 무슨 글을 써야 하나, 나중엔 원고 청탁해주는 곳도 없겠지, 다음 달엔 뭘로 살지 같은 고민들이 밀려오고 불안이 불안을 키우던 즈음, 지인을 만나 하소연을 했다. 인터뷰 권태기가 찾아오고야 말았다는 나의 푸념을 듣더니 그는 도사처럼 한마디 던졌다.

"유명인을 인터뷰해. 그래야 네가 유명해지고 일이 들어오지."

오, 바로 이거다. 갑자기 답답한 속이 뻥 뚫리는 느낌이었다. 나도 모르게 와하하 웃음이 터졌다. 그러니까 그가 내린 처방은 내가 살고 싶은 삶과 정확히 반대되는 솔루션이었다. 난 안 유명한 사람을 만나면서 '인터뷰의 맛'에 급속히 빠져들었고 유명한 사람을 만나면서 인터뷰의 한계를 절감하는 중이었기에 그건 네겐 맞고 내겐 틀린 말이었다. 현실성도 없었다. 대관절 나 같은 무명작가가 어떻게 유명한 사람에 줄을 댈 것인가. 그보다 유명한 사람을 만나는 일에 흥미를 못 느끼니 더 문제였다. 사람 만나는 일도 글 쓰는 일도 내 안의 에너지를 연료로 하는 작업이라서 '열의'가 없으면 곤란하다. 작은 불씨로는 타인 속으로 한 걸음 내딛기도, 한두 줄 글을 써내기도 버겁다. 이래저래 난 글로 먹고살기는 글렀다는 쓸쓸한 현실만 확인했다.

그런데 그날 지인과 나눈 대화를 곱씹을수록 "가슴 시린 오기"(서태지 6집 수록곡 〈탱크〉의 가사다) 같은 게 발동했다. 세상 이치가 이런 거라면…

난 삐뚤어질 테다! 더 안 유명한 사람을 만나서 더더 안 유명해지고 여봐란듯이 더더더 재밌게 살아보자는 마음이 되었다.

    그다음 해 철학 공부를 하러 다니던 인문공동체 '수유너머'에서 네다섯 명의 동료와 함께 웹진 만드는 일을 도모했다. 우리가 공부한 것을 대중과 나누는 실천의 일환이었다. 기획기사, 논평 등 지면을 구성했고 인터뷰 코너가 내게로 왔다. 마침 사보 일을 거의 접은 상태라서 시간도 펑펑 남겠다, 웹진이라서 원고 분량 제한도 없겠다, 기업주 눈치 안 보고 사회 비판적 관점을 녹여낼 수 있겠다, 모든 상황이 맞아떨어졌다. 이참에 나 홀로 느슨하게 진행하다가 민중3까지 하고 흐지부지된 '민중자서전 프로젝트'를 이어볼 수도 있을 것 같았다. 인터뷰 코너 제목은 동료들과 의논해 '전선인터뷰'로 정했다. 보이지 않는 곳에서 싸우는 사람들, 그중 대중 앞에서 발언하고 주목받는 투쟁의 주인공이 아니라 마이크랑 스피커를 연결하고 레드카펫을 까는 무대 뒤 인물을 만나기로 했다. 비가시화된 존재 중에서도 더 안 보이는 이들을 드러내자는 취지였다.

    거듭 강조하자면, 인터뷰는 누구를 왜 만나서

무슨 이야기를 듣고자 하는지 목적과 방향을 정하는 게 핵심이고 전부다. 그래야 적합한 인물을 떠올릴 수 있다. 이와 같은 '인터뷰 기획'이 단번에 이뤄지는 건 아니다. 세상을 바라보는 자기 관점, 삶에 대한 질문, 사람에 대한 관심 등 평소 꾸준히 다져온 인식에서 나온다. 시간과 품이 드는 작업이다. 예를 들어 전선인터뷰는 동료들과 1년 넘게 같이 밥 먹고 책 읽고 토론하며 늘 해오던 이야기가 있어서 인터뷰 콘셉트 잡기가 비교적 수월했다. 창간호는 용산참사 1주기 특집으로, 유가족이 1년간 싸움을 이어온 참사 현장인 남일당 건물에서 살림과 뒷일을 맡은 활동가 도영 님을 인터뷰로 만났다. 이후에는 일본군 위안부에 가려진 한국군 위안부를 연구하는 교수 김귀옥, 구로동에서 공부방을 운영하는 교사 성태숙, 시인이자 사회학자 심보선, 노들장애인야학 학생 김호식 등 50여 명을 찾아가서 인터뷰를 진행했다.

무엇과도 바꿀 수 없는 귀중한 경험이었다. 언어장애가 있는 뇌병변 장애인과 어떻게 대화하는지, 로얄알버트 꽃무늬 잔에 담긴 비엔나커피를 마시는 카페가 아닌 애들이 온종일 뒹굴고 간 공부방 노란 장판 위에 앉아 인터뷰를 하다가 다리가 저리면 어떻게 해야 하는지를 배우기도 했다. 인터뷰가 인생 수업에서 사회학 수업, 인류학 수업, 여성학 수업이 되어갔다. 마감하고 돌아서면 다음 마감이 대기했는데 회의하고 준비하고 취재하고 원고 쓰는 시간을 원 없이 투여했다. 물론 전선인터뷰에 쓴 원고로 돈은 한 푼도 벌지 못했다. 외려 인터뷰이를 만날 때 작은 화분이나 빵을 사가고 찻값을 내느라 크지 않은 비용이지만 내 돈을 써가며 일해야 했다. 요즘 말로 '내돈내산 인터뷰'였던 셈이다.

그런데 돈 받는 일이 아니라서 돈 주는 사람이 시키는 대로 하지 않아도 되었다. 자율성이 주어지자 죽었던 창의성이 살아났다. 원고 분량은 50매 전후로 잡아서 한 사람의 이야기를 쓰고 싶은 만큼 후련하게 담았고, 글쓰기의 형식도 정해진 포맷이 없으니 여러 실험이 가능했다. 첫 문장을 어떻게 다르게 할까, 시인 인터뷰니까 문학평론처럼 써보면 어떨까 고민하는 시간이 설레고 행복했다. 화제성을 중심으로 구성한 인물 이야기가 아니라 사회구조에서 한 사람의 삶을 읽어내는 시도를 해볼 수 있어서 무엇보다 좋았다. 수유너머에서 동료들과 철학 공부를 병행하며 배운 이론이나 단어를 활용하는 기회로 삼기도 했으니, 기사 쓰는 맛이 났다. 또 웹진

독자들의 반응을 확인하며 세상에 필요한 이야기가 무엇인지 가늠할 수 있는 좋은 기회였다.

    돌이켜보니, 민중자서전 프로젝트를 시도하고 웹진에서 전선인터뷰를 진행하는 동안 인터뷰 체력이 길러진 것 같다. 아이가 농구를 좋아해서 매일 하다 보니까 실력이 늘고 키가 1년에 10센티미터 이상 부쩍 큰 해가 있었는데, 나도 그렇게 성장한 느낌이다. 더 잘하고 싶은 의욕과 욕심이 매번 갱신되던 날들. 꿈이 이루어졌다. 더 안 유명한 사람을 만나면서 인터뷰가 더더 재밌어졌으니.

연예인 만난 날

> 사람은 외형은 다 같으나
> 그 내막이 얼마나 복잡하며
> 이성 외에 감정의 움직임이
> 얼마나 얼기설기 얽매었는가.
>
> — 나혜석, 「이혼 고백장」에서

'누구나 하고 싶어 하지만 모두들 하기 싫어하고 아무나 하지 못하는'이라는 긴 부제를 단, 지금은 절판된 책이 있다. 제목은 『일』이다. 라디오 진행자이자 작가 스터즈 터클이 일하는 사람들 133명을 만나 들은 생생한 목소리를 글로 옮겨놓은 인터뷰집이다. 전화 교환원, 농부, 중장비 기사, 임원 비서 등 온갖 직업인의 목소리가 쏟아져 나온다. 원서가 1974년에 나온 책이다 보니 현재는 사라진 직업도 있지만, 전 세계 어디나 사람 사는 모습은 크게 다르지 않다는 사실을 확인시켜준다. 저자는 도입부에 이렇게 쓴다.

"녹음기는 유명인의 목소리를 담기도 한다. 이들은 언제나 대답이 준비되어 있으며 뻔한 소리가 청산유수처럼 흘러나온다. 나는 유명인의 이야기를 듣고 놀란 적이 한 번도 없다. 녹음기를 사용하여 평범한 이들의 생각을 담을 수도 있다. 장소는 저소득층 주택의 계단 위, 목조주택, 가구 딸린 아파트, 아니면 주차해놓은 차 안 어디나 될 수 있다. 그러면 '통계'로만 표현되던 이들의 목소리 하나하나가 고유한 인격체로 바뀐다. 나는 끊임없이 놀란다."*

나는 밑줄에 별표까지 해가며 크게 공감했다. 통계로만 표현되던 이들의 목소리에 "끊임없이 놀란다"는 부분과 유명인의 이야기를 듣고 "놀란 적이 한 번도 없다"는 대목이 특히 그랬다. 소위 유명인을 인터뷰할 기회가 내게도 가끔 찾아왔다. 사보의 문화 섹션에는 연예인, 예술가, 장인 등을 만나는 인터뷰 지면이 할애된다. 운이 좋으면 기업의 전속모델 인터뷰를 하기도 하는데, 그 말인즉 당대의 가장 잘나가는 연예인을 만날 수 있다는 뜻이다. 지금도 국내 굴지의 자동차회사 모델이 된 가수이자 배우의 인터뷰가 확정되던 순간이 생생히 떠오른다. 그의 드라마를 챙겨 보았고 음악도 즐겼던 나는 너무 들떴다. 실물로 본다고? 인터뷰면 눈 맞추고

* 스터즈 터클, 『일』, 노승영 옮김, 이매진, 2007.

말도 하는 건데? 으아아아아아아!

　　인터뷰가 잡힌 날부터 입에서 실실 웃음이 새어 나왔다. 지금처럼 SNS가 활발하지 않던 시절에는 유명인의 일상을 본다거나 소통할 기회가 없었기에 가려진 만큼 환상은 강력했다. 게다가 TV에서 본 인물이나 한 분야에서 일가를 이룬 사람을 만난다는 사실은 나까지 그들의 레벨로 삶이 동반 상승되는 '기분'에 빠지게 했다.(나 누구도 만나봤잖아!)

　　그런데 당일이 되자 내 순진한 꿈은 허망할 정도로 순식간에 깨졌다. 인터뷰 시간과 장소는 미정. 그가 나오는 행사장에서 일단 대기하라고 했다. 몇 시에 인터뷰가 가능할지는 현장에서 알려준다더니 만 한 시간 정도 지나고 나서야 통보를 받았다. 다음 스케줄로 이동하기 전 차 안에서 20분 정도 시간을 낼 수 있다고. 떨리고 뭐 하고 그럴 틈이 없었다. 취재를 못 하면 원고를 쓰지 못한다는 공포가 덮쳤다. 결국 승합차 좌석에 구부정하게 앉아서 몇 마디 말을 주고받았는데 그건 근황과 활동 받아쓰기 테스트에 불과했다. 상호 간 소통이 이뤄지는 인터뷰가 아니었고, 굳이 내가 아니어도 될 일이었다. 이후에도 인기 개그맨 모 씨는 대기실에서 분장할 때 옆 의자에 앉아서 헤어드라이기 소음을 피해가며

40분 만나기도 했고, 배우 모 씨를 인터뷰 장소에서 두 시간을 기다려서 30분간 취재하기도 했다.(그럼에도 불구하고 최소한 200자 원고지 12매 이상은 다음 날까지 거뜬히 써내는 게 진정한 문필하청업자다.)

이런 상황에 빈번히 처하다 보니 연예인을 만난 날은 자괴감이 들었다. 빵처럼 부푼 가슴으로 돌아오기는커녕 녹은 아이스크림처럼 자아가 사라지는 기분으로 귀가했다. 설사 인터뷰 시간이 넉넉하게 주어져도 즐겁지가 않았다. 공인은 자아가 이미 세팅된 사람이다. 세상에 보여주고 싶은 모습과 보여주어야 할 것들이 이미 정해져 있는 경우가 많았다. 유명인사로 사는 숙명일 것이다. 내가 좋아하는 책 『릴케의 로댕』에도 이런 문장이 나온다. "명성이란 결국 하나의 새로운 이름 주위로 몰려드는 모든 오해들의 총합에 지나지 않는다."* 잘 세팅된 오해의 틀의 변죽만 울리게 되니 인터뷰를 하는 입장에서는 엔도르핀도 솟아나지 않았다. 몸은 얼마나 정직한지.

* 라이너 마리아 릴케, 『릴케의 로댕』, 안상원 옮김, 미술문화, 1998.

물론 그들이 매력이 없다는 게 아니다. 업계 톱 티어 특유의 단단함과 겸손함, 나타남만으로 순간 주변의 공기를 바꾸어버리는 눈부심이 있다. 하지만 감탄은 지나간다. 대화하는 동안 사전 조사를 통해 익히 아는 매력을 확인할 뿐 (스터즈 터클처럼 나 또한) 깜짝 놀랄 만한 반전을 경험하지는 못했다.

그럼에도 연예인이라는 비(非)민중을 만난 건 귀중한 경험이었다. 인터뷰에 무작정 취해가다가 브레이크를 잡고 지난 인터뷰 작업에 대해, 사람에 대해 차분히 회고할 기회가 되어주었으니 말이다. 이 사람 저 사람 공백 없이 줄기차게 연애를 하던 친구가 "별 놈 없다"고 결론을 내리면서도 그중에 '별 놈'을 잘도 골라내서 야무지게 결혼에 골인하는 고수의 면모를 과시하는 것처럼, 나도 이런저런 사람들을 만나면서 실망의 내리막과 찬탄의 오르막을 반복하고 나니 사람 보는 안목이 약간은 길러진 거 같았다. 나를 지배하던 막강한 기운, 그러니까 사람에 대한 단순한 동경과 절대적 순정에서 서서히 풀려났다. '인간은 얼마나 아름다운가'와 '별 사람 없다니까'의 시소 타기를 즐기게 되었다고나 할까.

그러다가 인터뷰어로서 정신의 균형을 잡는 데 도움을 주는 문장을 만났다. 가장 강렬한 말은 인터뷰어 이진순의 것이다. 그는 『한겨레』에 '이진순의 열림'이라는 코너를 맡으며 6년간 122명을 만났고 일간지 두 면을 꽉 채운 방대한 기사를, 촘촘하고 아름답게 써냈다. 나도 열독자였기에 훗날 '당신이 반짝이던 순간'이란 제목으로 묶여 출간된 인터뷰집을 읽었는데 거기에 나오는 일화가 인상적이다. 그동안 만났던 사람 중에 누가 가장 괜찮드냐고 물어보는 사람들에게 그는 이렇게 답한다고 했다.
"그리 대단한 사람은 없습니다."

좋은 문장은 꼭 나만을 위해 건네는 말처럼 들린다. 인터뷰 고수의 한 줄 결론은 가슴에 화살처럼 꽂혔다. 왜 아니겠는가. 인간은 선과 악의 교차로, 어떤 관점으로 어떻게 편집하느냐에 따라 얼마든지 천사도 악마도 가능하다. 페미니즘 연구자 베티 리어든의 말을 빌리자면 "비난받을 만한 행위를 하지 않은 인간 존재란 없고, 사심 없으며 고귀한 행위를 하지 못하는 인간 존재 또한 없다". 그럼에도 보고 싶은 대로 보는 건 인터뷰어의 게으름이다. 일방적인 예찬이나 미화도 왜곡이라는 생각이 들었다. 숭

배와 혐오가 같은 원리를 공유하듯이. 어떤 사람의 탁월함을 잘 그려내는 건 장점이지만 거기에만 꽂혀서 다른 면을 놓치고 서사를 단순화하는 것은 단점이기도 했다. 열정과 냉정 사이에 나를 머물게 하는 말, '그리 대단한 사람은 없다'.

    동시에 자동 연상처럼 '그냥 사는 사람은 없다'는 말이 떠올랐다.(내가 써놓고 내가 마음에 들어 하는 문장으로, 『쓰기의 말들』이 출처다.) 세상은 어느 한 개인의 노력을 사회적인 보상과 주목 여부에 따라 성공한 사람과 평범한 사람으로 구분하지만, 글쓰기에서 만인은 평등하다. 취업준비생이든 유명한 축구선수든 지금까지 살아왔다는 건 누구나 안간힘을 썼다는 의미에서 글감이 있다는 맥락으로 쓴 글이다. 그런데 '그냥 사는 사람은 없다'는 사람을 만날 때도 유효한 주문이 되어주었다. 그래서 인터뷰 현장에 나갈 땐 두 문장을 쌍무지개처럼 가슴에 띄우고 마음의 자세를 가다듬는다. 그리 대단한 사람은 없다. 그렇다고 그냥 사는 사람도 없다. 모순 없는 두 문장을 잇는다.

만나고 싶습니다

> 내가 그 들판을 만들 것입니다.
> ― 루이즈 글릭, 「개기장풀」에서

　『한겨레』에서 '은유의 연결'이라는 인터뷰 코너를 연재하자는 제안이 왔을 때 꿈인가 생시인가 했다. 『한겨레』는 1988년에 국민이 주주가 되어 창간한 신문이다. 당시 고3이었던 나도 여름방학 때 실습생으로 일하고 받은 월급에서 5만 원을 떼어 기부했다. 그렇게 10주의 지분을 가진 창간 주주로 그 시작을 지켜보았고, 이후 이십대, 삼십대, 사십대 내내 '세상을 보는 창'이 되어주었던 신문에서 인터뷰 코너를 맡게 되다니. 마치 혼자 오래 지켜보고 짝사랑하던 대상에게 고백받은 느낌이 들면서, 여러 감정들이 호수에 물안개 일어나듯 아련하게 올라왔다. 감개가 무량해서 누가 묻지도 않는데 이만하면 성공한 인생이라는 자체 평가를 내리기도 했다. 일간지는 독자가 20만 명에 이른다. 파급력이 있는 귀한 지면이 주어진 만큼 작전을 명민하게 짜야 했다. 글쓰기는 나에게 '세상을 바꾸는 운동'이므로 작전이 필요하다. 일간지에는 남성 이성애자 대졸자 전문직 비장애인 등 주류 세력의 목소리가 주로 실린다. 적어도 내가 맡은 지면에서 기성의 목소리는 피하자는 원칙부터 세웠다. 무엇을 해야 할지 모르겠으면 하고 싶지 않거나 하지 말아야 할 걸 지워나가는 것도 방법이다.

단, 인터뷰이 선정은 나 혼자 하는 게 아니다. 토요판 데스크, 담당 기자, 나까지 셋이서 머리를 맞댔다. 단톡방을 만들어서 관심 가는 인물들을 후보에 올리고 의견이 모아지면 섭외는 우선 기자들이 맡았다. 내가 원한 첫 번째 인터뷰이는 어느 소설가였다. 담당 기자가 연락을 했으나 그는 거절 의사를 밝혔다. 그렇다고 바로 포기하면 인터뷰에 대한 예의가 아니라서 내가 직접 메일을 보내보았다. 당신을 왜 만나고 싶은지 무슨 이야기를 나누고 싶은지 구구절절 풀어놓으니 한글 문서 두 페이지가 거의 찼다. 200자 원고지 15매가 넘는 분량이다.

며칠 후 답장이 왔다. 예를 다해 그는 인터뷰를 하지 않는, 혹은 못 하는 이유가 무엇인지 들려주었다. 그리고 자신이 인터뷰어인 나를 얼마나 신뢰하는지, 그렇기에 거절하는 심정이 얼마나 아쉬운지도 다정하게 말해주었다. "인터뷰어가 하필 은유 작가님이라서, 매체가 일간지라서 안타깝다"고 썼다. 바로 포기가 됐다. 인터뷰는 세상을 향해 자기 목소리를 내는 일이므로 불특정 다수에게 향한다. 널리 퍼져 나갈수록 듣는 사람이 듣고 싶은 대로 해석될 확률을 감당해야 한다. 오해와 억측이 따르더라도 '내 말은 그게 아니고'라며 일일이 대응하고 수정 보완할 수 없다. 나는 답장의 답장을 썼다. 마음을 자세히 터놓아주어 고맙고 충분히 이해했다고, 다음에 인연이 닿으면 꼭 만나고 싶다고.

처음부터 '섭외 불발'이 되자 어쩐지 불안했는데 아니나 다를까, 두 번째 세 번째로 섭외한 분들도 인터뷰에 응하지 않았다. 공교롭게도 세 사람 다 여성이었다. 일간지에 얼굴이 나가는 게 부담스럽다는 거절의 이유도 일치했다. 사실 좀 의외였다. 나는 일간지라서 즉, 영향력 있는 매체라서 섭외가 수월하리라 예측했는데 어떤 이들에겐 그게 외려 걸림돌로 작용한 것이다.

나중에 젠더 관련 책에서 이런 정보를 얻었다. 여성이나 장애인, 아동 등 사회적 약자들은 자기 이야기가 공적 공간에서 귀하게 대접받은 적이 없기 때문에 자기 목소리를 갖기 어렵다고. '내가 이런 말을 해도 되는 사람인가?' 말하기 전에 자기 검열을 한다는 내용이었다. 지난 섭외 실패가 구조적 맥락에서 다시 해석됐다. 젠더에 따른 성향 차이로 일반화할 순 없지만 아주 무관해 보이지도 않았다.

    일관성 있게 나는 다음 인터뷰이도 여성 후보인 김혜정 한국성폭력상담소 부소장을 추천했다. 그는 당시 안희정 성폭력 사건 공동대책위원회 일원으로 활동했다.(1심은 2018년 8월 14일 서울서부지방법원에서 안희정의 성폭력 혐의에 대해 무죄를 선고했으나 2심은 2019년 2월 1일 서울고등법원에서 안희정에게 징역 3년 6월을 선고했고, 3심은 2019년 9월 9일 대법원에서 안희정과 검찰의 상고를 모두 기각하면서 2심 판결인 징역 3년 6월 형을 확정지었다.) 1심의 안희정 성폭력 혐의 무죄 선고를 뒤집고 가해자의 죄 있음을 밝혀낸 싸움은 거의 기적에 가까웠다. 가해자는 차기 대권 후보라는 절대 권력의 소유자였기에 세간에서는 다윗과 골리앗의 싸움이라고 할 정도였다. 또 사건의 핵심인 '위력에 의한 성폭력'이라는 개념조차 희박한, 국민들의 성인지 감수성이 낮았던 시절이다. 나도 예외는 아니었기에, 그가 페이스북에 올리는 글을 통해 위력과 성폭력의 복잡한 맥락과 구조를 정확히 이해하는 데 큰 도움을 얻었다. 공대위에서 일한 당사자에게 길고 지난한 법정 투쟁기를 직접 듣고 독자와 나누고 싶었다.

김혜정은 인터뷰 제안을 '당연히' 거절했다. 실망과 충격이 아주 크지 않았던 걸 보면 내가 단단히 기가 죽어 있었던 거 같다. 그의 거절 이유는 확고했다. 이번 승리는 공대위 멤버 여섯 명과 다른 동료들이 합심해서 이룬 것인데 자신이 인터뷰에 나가면 한 사람에게만 스포트라이트가 비춰진다는 거였다. 그러면서 "저는 말주변이 없어요"라는 말도 덧붙였다. 앞의 이유는 납득이 가는 측면이 있었다. 과거 시민단체에서는 일선의 활동가들과 같이 이룬 활동의 업적이 조직의 '얼굴'인 대표에게 돌아갔고, 이를 발판으로 대표는 정계에 진출하는가 하면 업무에 혹사당한 실무자들은 퇴사하거나 우울증에 걸리는 사례가 없지 않았다. 그래서 김혜정이 말하는 우려점을 이해하지 못하는 바는 아니었다. 하지만 그래서 더욱 이런 세심함과 염치를 장착한 그가 나서주기를 바랐다.

　　어떻게 마음을 돌릴 것인가. 고민 끝에 나는 내 나름대로 특단의 조치를 내렸다. 김혜정 부소장과 친분이 있는 반성폭력운동 활동가인 나의 친구에게 연락을 했다. 자초지종을 설명하고 어떤 논리를 동원해야 설득이 가능할지 조언을 구했다. 친구는 김혜정이 "말주변이 없다는 말은 거짓말"이라고 정정해주더니만 자신이 직접 통화해보마 했다. 잘 부탁한다고 하고 전화를 끊은 다음, 그대로 스마트폰을 손에 쥐고 친구의 전갈을 기다렸다. 무슨 합격자 발표를 기다리는 것처럼 초조했다. 이렇게 하는 게 맞는 방법인지 머릿속이 복잡했다.

나는 그간 섭외 과정에서 '지인 찬스'를 스스로 금했다. 인터뷰이를 아는 사람의 옆구리를 찔러서 '네가 좀 말해달라'고 부탁하지 않는다. 인터뷰하는 당사자가 진심과 언어를 동원해 상대를 설득하는 과정에서부터 쌍방 간 신뢰의 기초가 만들어진다고 믿기 때문이다. 아울러 인생 날로 먹으려 하지 말라, 쉬운 길을 경계하라는 삶의 대원칙에 따른 소신이기도 하다. 그렇게 30분쯤 자아비판의 시간을 보내며 기다리는데 스마트폰 화면에 친구 이름이 떴다.

"내일 아침에 동료들하고 전체 회의에서 이야기해보고 결정한대."

와, 일단 안도.

그리고 다음 날 오전, 김혜정 부소장에게서 인터뷰 날짜를 잡자고 연락이 왔다.

오 예!

섭외가 좌절된 네 번째 인터뷰이는 김진숙* 민

주노총 지도위원이다. 담당기자가 연락을 취했는데 거절하셨다기에 그렇다면 이번에도 인터뷰어인 나의 언어로 한 번 더 간청해보겠다고 했다. 그때 나는 동네 카페에서 작업 중이었는데, 쓰던 글을 닫고 빈 문서를 열었다. 파일명은 '김진숙 지도위원을 만나고 싶습니다.hwp'.

"안녕하세요. 저는 『한겨레』에서 4주마다 '은유의 연결' 인터뷰 꼭지를 진행하는 은유입니다. 김진숙 선생님을 만나고 싶습니다. 2011년 뜨겁고 치열했던 싸움 이후 건강 등 여러 가지 이유로 대외적인 언론 노출을 안 하고 계시는 걸로 압니다. 근래에는 박문진 위원장님 투쟁에 친구로서 동지로서 너무도 선생님다운 방식으로 연대하는 모습을

* 1982년 대한조선공사(현 한진중공업)에 입사해 유일한 여성 용접사로 일하다가, 노동조합 투쟁 때문에 해고됐다. 이후 해고자로 살면서 노동운동을 해왔다. 2011년 한진중공업 정리해고에 반대하기 위해 309일간 크레인 고공농성을 벌여 사회적 주목을 받았다. 그는 암 투병 중임에도 불구하고, 해고자 복직과 노조파괴 진상규명을 요구하며 182일째 고공농성을 벌이고 있는 친구이자 동지 박문진 보건의료노조 지도위원을 만나기 위해 부산에서 대구 영남대병원까지 약 130킬로미터의 거리를 도보로 걸어갔다.

볼 수 있어서 좋았고 뭉클했습니다. '싸움은 이렇게 하는 것이지' 하는 감동은 '삶은 이렇게 사는 것이지' 하는 깨우침으로 이어지곤 했습니다. 또 트위터를 통해 사회 현안들에 대해 날카로운 의견을 내실 때마다 선생님의 여전한 감각과 통찰력에 매번 감탄하곤 합니다.

그래서 더 갈증이 납니다. 노동운동가이기도 하지만 인생 선배이고 노동자 동료인 김진숙 선생님에게 듣고 싶은 이야기들이 있습니다. 어떤 하루를 보내시는지 안부가 궁금하고, 투병 생활을 하면서 든 생각도 듣고 싶어요, 여기저기 흩어져 근근이 노동하며 살아가는 우리들이 어떻게 노동자로서 권리와 존엄을 지키고 살 수 있을지 그런 현실적인 조언도 궁금합니다. 그리고 무엇보다 『소금꽃나무』 이후 김진숙 선생님의 삶과 목소리가 정리된 기록으로 이어져야 한다고 주장하고 싶습니다.

또 하나는, 그동안 인터뷰이를 섭외하는 데 (꼭 이분법적으로 나누고 싶지는 않지만) 남성들은 인터뷰에 한번에 응하는데 여성들은 번번이 '나는 자격이 안 된다'며 거절을 했습니다. 지금까지 남성 인터뷰이만 연속으로 세 차례 인터뷰가 나갔습니다. 그것도 속상합니다. 이런 식으로 여성이 배제된 남성 중심의 역사가 쓰여지는 것일까 회의가 들 정도입니다. 이 부분도 결정에 참조해주시고요. 인터뷰란 본디 '사람을 살게 하는 말을 모으고 나누는' 일이라 믿고 있습니다. 여러 사람들이 건네는 말에 힘입어 지금까지 살아오고 글을 써온 저는 김진숙 선생님의 말을 듣고 기록해서 사람들과 나눌 수 있다면 힘이 날 것 같습니다. 선생님, 꼭 한 번만 진지하게 검토 부탁드립니다."

몇 시간 후 답변이 왔다.

"앓으면서 인생에 가장 큰 휘청거림을 겪으니 아직도 자리 잡기가 힘듭니다.

  무엇보다도 열패감들을 다독여야 해요.

  언젠간 과정들을 정리해야겠단 생각은 하지만 아직은 일러요.

  내 몸뚱이 건사하기도 버거운 시간들.

  우선은 회복에 집중하리다.

  삶이란 게 자학에 가까웠어서 몸에게 용서받는 시간들이라 여겨주시구려.

  박문진에게 걸어갔던 길이 내게 외려 치유의 길이어서 나아지고 있습니다."

중간에 전달자 역할을 한 담당기자를 경유해 한 차례 문자를 주고받았을 뿐인데 마치 인터뷰를 한 기분이 들었다. 그의 답변에서 거역할 수 없는 힘이 느껴졌다. 몇 행 안 되는 줄글에 한 사람의 생이 다 들어 있었다. "삶이라는 게 자학" "몸에게 용서받는 시간들"이라는 구절이 특히 눈길을 붙잡았다. 섭외라는 게 이기고 지는 단어로 말할 수 있는 단순한 일이 아니지만 직감적으로 '내가 졌다'는 판단이 들었다. 자기가 산 대로 쓰는 사람의 언어는 당해낼 재간이 없었다. 나는 더 이상 의욕을 부리면 안 되었기에 섭외를 단념했다. 그의 평안과 치유를 빌어주는 간곡한 마음이 되었다.

　　여름이 찾아왔다. 어느 날 담당기자가 김 지도를 인터뷰할 수 있을 것 같다고 알려왔다. 김 지도가 복직투쟁을 다시 시작해 날마다 부산 한진중공업 공장 앞에서 출근 선전전을 한다는 소식과 함께. 지하철 안에서 전화를 받은 나는 콩콩 뛰는 맥박을 느끼며 "드디어"를 조용히 연발했다. 담당기자가 시의성이 있는 사안인 만큼 인터뷰를 빨리 잡자고 하여 날짜를 조율하는데 세상에나, 내 일정과 맞지 않았다. 다이어리에 콕콕 박힌 일정을 다 지우고 싶었다.(인생에서 여백이 중요하다. 귀인이 들어올 자리를 마련해야 하므로.) 담당기자가 "어쩔 수 없네요"라며 이번에는 『한겨레』 내부 기자가 인터뷰를 가야 할 것 같다고 말하는데, 휴대폰 건너편 그의 음성이 평소와 달리 너무 차갑게 느껴졌다. 약 5초 정도 침묵이 흘렀을까. 망연자실한 나는 기어들어가는 목소리로 답했다. "알겠습니다아…." 생의 마지막 복직투쟁 중인 인터뷰이를 생각하면 누가 하든지 기사가 긴급하게 나가는 게 중요했다. 때문에 '그래도 내가 하겠다'고 우기는 건 바보 같은 일이었다.

    어깨를 축 늘어뜨린 채 지하철 손잡이에 매달려 있는데 잠시 후 또 휴대폰이 울렸다. 『한겨레』 기자다. 일정을 조정해서 내가 취재를 가는 것으로 결정이 났다고 했다. 아, 나의 간절함이 통했나. 어찌 됐건 나는 너무 좋아서 온 얼굴로 웃었다. 이번엔! 정말로! 드디어! 만난다! 이른 봄에 뿌린 씨앗이 한여름에 결실을 거두었다. 죽은 줄 알았던 화분에서 꽃이 피었다. 인간의 운명이 그러하듯 인터뷰의 운명도 알 수가 없구나.

    2020년 3월 12일에 섭외 메일을 보내고, 5개월이 조금 지난 8월 17일 나는 부산행 KTX 열차에 몸을 실었다.

인터뷰, 불가능성의 가능성

그것은 생각의 교환이다.
마치 충돌하는 파도가
교대로 밀려오듯이,
학습된 지저분한 거품을 깨뜨린다.

— 에드워드 영, 「Night Thoughts」에서

"'씨돌 선생님'을 인터뷰하면 어떨까요?"

『한겨레』담당기자가 인터뷰이 후보로 그분을 지목했을 때 난 되물었다.

"씨돌 선생님이 누구신데요?"

인터뷰가 본업이 되면서 미용실 잡지나 전단지 글자 하나도 더 유심히 훑었다. 혹시 괜찮은 인물을 발견하거나 아이디어를 얻을 수도 있으니까. 그렇게 레이더를 세우고 두리번거려도 내 시야는 우물 하나의 폭에 불과했다. 특히 TV나 유튜브를 거의 보지 않다 보니 세상 사람들의 관심사를 따라가지 못했다. 사실 씨돌이란 이름도 그날 처음 접했다. 인터넷에 검색을 하자 기사가 우르르 쏟아졌다. 이미 'SBS스페셜'이라는 60분짜리 프로그램에서 두 차례나 그분의 생애를 다루었고 이전에도 다큐 프로그램에 출연했으며, 관련 책도 나와 있었다.

'내가 이런 분을 몰랐네.'

담당기자에게 말했다. 무척 훌륭한 분이라는 생각이 든다, 그런데 새로운 이야기가 나올 게 있을지 모르겠다, 이미 나온 기사가 많아서 동어반복이 될 수도 있을 거 같다고. 그랬더니 담당기자는 "이분을 『한겨레』 독자들에게 꼭 소개하고 싶었다"며 뇌출혈로 병석에 있는 씨돌 선생님이 인터뷰가 가능한 상황이 되기까지 6개월을 기다렸다고 힘주어 말했다.

난 자신이 일하는 매체의 독자를 위하는 그의 마음에 감동했다. 그런데 인터뷰이가 뇌출혈 회복기라니 그건 또 새로운 문제였다. 씨돌 아저씨의 최근 영상을 보았을 때 언어장애가 심해서 짧은 분절음처럼 들리는 말은 나로선 거의 판독 불가였다. 언어 소통이 자유롭지 않은데 신문의 한 지면을 메워야 하는 분량의 인터뷰가 가능하겠느냐고 물었더니 담당기자는 말했다. 은유 작가님이 정 못 하겠으면 내부 기자를 보내겠다고.

"음, 제가 해보겠습니다."

난 바로 수긍했다. 담당기자가 저렇게까지 원하는 데는 이유가 있을 거라는 생각이 들었다. 또 해보기도 전에 안 되는 이유만 꼽으며 책상에 앉아서 이러니저러니 하는 내가 순간 한심하게 느껴졌다. 해봐서 아는데, 라며 쳐내고 있는 꼴이라니. 가서 해보고 안 되겠으면 그때 다른 대안을 찾으면 된다.

인터뷰에는 씨돌 선생님 다큐멘터리를 제작한 SBS 스페셜 담당 이큰별 PD가 동행했다. 그는 씨돌 선생님의 실질적인 보호자이고, 음의 고저와 장단, 입모양만으로 씨돌의 언어를 알아듣는 놀라운 능력의 소유자였다. 든든한 동시통역사를 대동하고 사진기자와 함께 제천에 있는 병원으로 갔다. 병실 문을 열고 들어서니 오늘의 인터뷰이는 기울기 30도의 병원 침대에 누워서 우리 일행을 반겼다. 반기는 줄 어떻게 알았느냐 하면 그의 마른 얼굴이 반짝 환해지는 게 느껴졌다. "안녕하세요. 오늘 선생님을 인터뷰할 은유입니다." 또박또박 크게 인사를 드렸더니 씨돌 선생님이 대뜸 "예뻐!"라고 했다. 푹— 웃음이 났다. 그건 '어 어'같이 입모양의 변화가 없는, 발음이라기보다 발성에 가까운 소리인데도 내 귀엔 또렷하게 들렸다. 말소리가 들린다!

중간중간 알아듣기도 하고 동시통역사 PD님의 도움을 받아가며 또 연습장에 손글씨로 필담을 나누기도 하면서 거의 세 시간에 걸쳐 인터뷰를 진행했다. 제천에서 서울로 올라오는 차 안에서는 세 시간 동안 PD님에게 궁금한 것들을 물어보고 팩트를 체크할 수 있었다. 무척 유용했다. 미리 학습한 사전 자료와 인터뷰에서 들은 이야기들의 조각들이 맞춰졌으니까.

'인터뷰 안 했으면 어쩔 뻔했나.'

집에 와서는 혼잣말을 내뱉었다. 씨돌 선생님에 대해 익히 학습하고 갔음에도, 실제로 뵙자 놀라움투성이었다. 다큐멘터리와 책에는 누락된 것들, 내 눈에만 들어오는 디테일들이 마음을 찔렀다. 병실에 웬 노트가 있어서 넘겨봤더니 삐뚤빼뚤한 손글씨로 '자연인 선언'이라는 글자가 쓰여 있었다. 선언 내용이 '연초록 평화주의자다' '불평등, 출신, 학력, 종교차별 등을 거부한다' 같은 조항들이다. 몸이 불편하신데도 아직 이러한 원칙을 붙들고 새기며 사는 어른이 있었다. 만약 선생님의 글씨체가 말끔했으면 아주 와닿지 않았을 거다. 그런데 인쇄된 글자가 아닌 육필을 육안으로 확인했을 때 오는 감동이 있다. 한 음절씩 더듬더듬 나눈 대화도 강렬했다. 내가 물었다.

"자연인으로 TV에 나간 출연료도 기부하셨죠. '돈을 갖는 게 무섭다'라고 하셨어요."

"정말 무서워. 돈이 조금이라도 있으면 남의 돈을 뺏은 거 같아. 마음이 불편해. 자연인으로서 자연법에 따라 어울려 살아야 하는데 내 것이라 싸우고 그런 게 안 맞아요."

아, 돈이 있으면 남의 돈을 빼앗은 거 같다니. 그건 마치 '사용하지 않는 사람이 토지를 소유하는 것은 노예의 소유와 마찬가지로 부도덕하다'고 일갈한 톨스토이의 말 만큼이나 자본주의에 절여진 나의 뇌를 흔들어놓았다.

또, 내가 예습한 자료 영상에서 그는 병원을 방문한 속초여고 학생들한테도 의리를 최우선으로 하라고 충고했다. 의리라는 단어가 생소하게 느껴져서 "선생님이 생각하는 의리가 뭐예요?" 여쭈었더니 이렇게 말했다.

"연민의 정. 불쌍한 거 반드시 도와야 해."

길고 장황하지 않은 말은 힘이 세다. 그리고 정말 궁금했던 것, 왜 그렇게 평생 조용히 남을 도왔는지 물었을 때도 잊지 못할 답이 돌아왔다.

"남을 돕는 일, 어떤 점이 좋으셨어요?"

"질문이 잘못됐어. 돕는다는 생각 안 했어. 내 맘 가는 대로. 아무 생각 안 했어. 자연 그대로. 양심이 가는 대로. 아무것도 아니야."

사실 새로울 건 없다. 앞서 말한 톨스토이나 장자가 말한 내용과 겹치는 데다 동서고금 웬만한 책에도 나오는 '말씀'이니까. 그런데 누가 어떻게 말하느냐에 따라 진부한 내용도 새롭게 다가온다. 한 음절씩 구사하는 느림의 언어라서, 딱 자신이 살아온 만큼의 말들이라서 울림이 컸던 것 같다. 이처럼 '인식의 대(大)각성' 선물세트를 받고 온 까닭에, 나는 꼭 그를 인터뷰를 해야 한다며 의견을 굽히지 않은 담당기자가 사는 쪽으로 큰절이라도 하고 싶었다. 이것은 자신이 일하는 매체의 독자와 좋은 이야기를 나누려는 간절함이 이뤄낸 성과다.

　이날의 인터뷰는 두 가지 교훈을 남겼다. 첫째, 답은 현장에 있다는 것. 자신이 내리는 판단이 합리적인 것 같지만 한 사람이 가진 편견과 한계는 깨져야만 드러난다. '우물 안 개구리'라는 자기 세계의 좁은 폭을 인정하는 겸손과 열린 자세가 필요하다. 둘째, 인터뷰에서 주변인의 중요성이다. 예전에도 많이 경험했던 바다. 가령 어떤 예술가의 집으로 찾아갔을 때는 가족에게, 자동차 판매왕이라면 옆자리 동료 등 주변인에게 인터뷰이에 대해 슬쩍 물어보면 의외의 재밌는 에피소드와 생생한 정보가 흘러나온다. 이번에도 이큰별 PD의 도움이 무척 컸다. 현장에서도 그랬고 기사 쓸 때도 그랬다.

　　씨돌 선생님이 까다로운 인터뷰이였던 이유는 언어 소통의 어려움만이 아니다. 그분의 생애 동선이 길고 광활하고 복잡하기 때문이기도 했다. 인생사가 아무리 파란만장한 사람이라도 한 고장에서 쭉 살았다면 흐름을 정리하기가 쉽다. 그런데 씨돌 선생님은 서울, 정선, 제주도, 브라질 등 국내와 국외를 넘나들고 여러 지역을 옮겨가며 활약했다. 물론 인터뷰 기사가 일지도 아니고 몇 년도에 어디서 무얼 했는지 일일이 언급할 필요는 없다. 하지만 인터뷰어는 생애 흐름과 주요 사건을 정확히 파악하고 있어야 한다. 그래야 서사 장악력을 가질 수 있고 글의 전개도 걸림 없이 자연스럽다. 그래서 나는 출생부터 현재 시점까지 마치 평전 부록에 나오는 것처럼 씨돌의 생애 연표를 만들었다. 그런데 인터넷에 떠다니는 자료마다 정보가 다르고 몇 군데 헷갈리는 부분이 있어서 이큰별 PD에게 물어보려 문자 메시지를 보냈다. 그랬더니 다큐멘터리 제작하면서 만든 연표가 있다며 보내주셨다. 이 귀중한 자료 앞에서 난 그저 감읍 또 감읍. 읽고 또 읽으며 인터뷰이가 오갔을 발자취를 걸음걸음 헤아렸다.

끝이 끝은 아니다

> 솔직히 말하고,
> 털어놓고 싶은 마음이 있지만,
> 동시에 생각도 하기 싫다.
>
> — 스베틀라나 알렉시예비치, 『체르노빌의 목소리』에서

『알지 못하는 아이의 죽음』은 현장실습생 김동준의 죽음을 다룬 르포르타주다. 특성화고에 다니는 열아홉 살 동준이는 왜 일터에서 스스로 목숨을 끊어야 했을까. 과연 우리의 존엄한 노동은 어떻게 가능한가. 우리 사회가 눈여겨보지 않는 작은 존재인 청소년 노동자를 통해 질문을 던져보고자 쓴 책이다. 출간한 지 만 6년이 흘렀는데 북토크와 강연을 지금도 하고 있고 여전히 나오는 질문이 있다.

"작가님은 이런 (훌륭한) 책을 처음에 어떻게 쓰게 됐나요?"

대답은 정해져 있다. 당시 돌베개 출판사에서 일하는 김혜영이라는 (훌륭한) 편집자의 제안으로 쓰게 됐다고 말한다. 한 권의 좋은 책은 작가의 힘만으로는 안 되고 좋은 편집자가 있어야 가능하다는 말을 덧붙이는 것도 잊지 않는다. 사실이다. 그건 지금까지 내가 받아본 최고로 완벽한 '출간 제안

서'였다. 첫 장 제목 칸에 '『알지 못하는 아이의 죽음』(가제)'라고 되어 있었는데, 나는 보는 순간 그대로 출간 제목이 될 것임을 예감했다. 다른 제목은 생각할 수 없었다. 출간 제안서를 다 읽고 나서 기쁘고 두려운 마음으로 수락 메일을 보냈다.

    가장 큰 난관은 인터뷰이 섭외였다. 김 편집자는 현장실습생의 여러 사례를 나열하는 방식이면 독자들이 '이런 안타까운 일이 있구나' 하며 사회적 지식을 쌓는 데 그칠 수 있다고, 그보다는 독자들이 '이것은 나의 일일 수도 있구나'라고 느끼도록 동준이 한 사람의 사례를 깊게 다루자고 제안했다. 그래서 인터뷰이 목록은 동준이 주변 인물들, 즉 동준이 엄마, 동준이 이모, 동준이 담임교사, 동준이 친구들, 그리고 동준이 사건을 맡은 노무사 등으로 구성되었다.

    섭외는 누가 하는가. 상황에 따라 편집자가 하기도 하고 내가 하기도 한다. 공신력 있는 출판사의 이름으로 하는 게 나은 경우엔 편집자가, 인터뷰어가 하는 게 더 수월한 경우엔 내가 맡았다. 인터뷰이 후보들과는 몇 번의 메일을 주고받으며 어찌어찌 인터뷰를 성사시켰다. 단 한 사람, 동준이 담임선생님이 거절했다. 동준이랑 마지막까지 문자를 주고받은 분이기도 했고, 제자에 대한 다정한 마음을 가진 분이어서 꼭 이야기를 듣고 싶었지만, 그건 우리 욕심이고 본인이 원하지 않으니 어쩔 수 없었다. 얼마 후 나는 동준이 어머니 강석경 님과 같이 동준이가 다니던 대전의 동아마이스터고를 가보았다. 그날 교무실로 선생님을 찾아가 다시 한 번 말씀드려볼까 하다가, 흥신소 직원도 아니고 들이닥치는 방식은 도를 넘는 거 같아서 운동장 계단에 앉아 있다 돌아왔다.

다른 특성화고 교사를 섭외하기로 했다. 그런데 나도 편집자도 아는 사람이 전무했다. 내가 진행하는 글쓰기 수업에 언제나 교사가 최소한 두세 명은 오는데, 한 분 한 분 떠올려보니 전부 인문계 고등학교 교사였다. 참으로 난감했다. 시간을 두고 더 찾아보기로 하고 우선 다른 인터뷰를 진행했다.

그 무렵 나는 서울국제도서전에서 독자를 만나는 행사가 예정돼 있었다. 타로 부스 같은 네모난 공간에서 읽고 쓰기 상담소를 진행하는 방식이었다. 주최 측이 보내준 신청자 명단에서 내가 직접 여섯 명을 선정해야 했는데, 100여 명에 이르는 명단과 신청 사유를 읽다가 한곳에 나의 눈길이 멈추었다. 자신은 ○○여상 교사이고 우리 학교 학생들은 이런 문화 체험의 기회가 드물어서 아이들 여섯 명을 데려가고 싶으니 꼭 뽑아달라는 사연이었다. 나는 아이들을 위하는 선생님의 진심 어린 마음에 감복했다. 그리고 그 교사는 도서전에 정말로 아이들 여섯 명과 무리를 이루어 나타났다. 개인 상담을 위해 설계된 좁은 공간에 들어온 일행은 앉지도 못하고 어깨를 대고 선 채 30분이나 이것저것 물었고, 나는 혼신을 다해 이야기를 들려주었다.

두어 달이 흘렀다. 다시 생업으로 돌아와 일을 하는 짬짬이 풀리지 않는 수학 문제처럼 한쪽으로 밀어놓은 교사 인터뷰이 섭외를 고민했다. 그러다가 문득 떠올랐다. 도서전에 아이들을 데리고 온 교사! 그분도 특성화고 교사다! 메일함을 뒤졌다. 서울국제도서전 담당자에게 메일을 보내 그분의 연락처를 알 수 있을지 문의했다. 담당자는 개인정보이므로 본인에게 물어본 후 연락하겠다는 답을 주었고, 다음 날 교사의 메일 주소와 연락처를 보내왔다. 나는 그 교사에게 인터뷰이가 되어주십사 제안하며, 책의 전체적인 기획을 공유하기 위해 김 편집자의 출간 기획안을 첨부했다. 얼마 후 그로부터 자신은 적임자가 아닌 것 같다는 거절 답장이 왔다. 나는 전화 통화라도 한번 해달라고 매달렸다.(인터뷰는 짧은 연애다.) 원래 뭐든지 활자로 보면 실제보다 거창하고 어렵게 느껴질 수 있는데 '인터뷰가 생각보다 별거 아님'을 말로 설득해볼 심산이었다. 그가 퇴근 후 시간이 된다길래 어두워질 때를 기다렸다가 통화를 시도했다. 결론은 섭외 실패. 그는 난처하고 부드러운 어조로 거절 의사를 거듭 밝혔다. 나는 고민해주셔서 감사하다는 인사를 드리고 통화 종료 버튼을 눌렀다. 울고 싶었지만 울지는 않았다.

　또 두어 달이 흘렀다. 받은메일함에 반가운 이름이 보였다. 나를 만나주지 않은 그 교사였다. 내용인 즉, 자신에게 교사를 대상으로 한 노동인권교육 안내 메일이 왔는데 강사가 '특성화고 교사 ○○○'이다, 작가님이 인터뷰이로 ○○○를 만나보면 좋을 것 같다, 혹시나 도움이 될까 싶어 전달한다며 교육 안내문을 그대로 첨부했다. 와, 메일을 읽자마자 나는 혼자 박수를 쳤다. 그러곤 당장 메일에 나와 있는 '교육담당자'에게 연락을 취했다. → 교육담당자에게 강사인 ○○○교사의 메일 주소를 전달받았다. → ○○○ 교사에게 메일을 보냈다. → 인터뷰 승낙을 받아냈다. → 인터뷰를 했다.

　　인터뷰이는 장윤호 선생님. 그는 공업계 고등학교에서 공업 과목을 가르친 30년 차 교사였다. 전교조 실업분과를 맡을 만큼 특성화고 교육에 열정이 있었고 문제의식이 날카로웠다. 무너지고 있는 교육 현장에 대한 생생한 증언, 교실에서 자는 아이들을 양산하는 구조에 대한 인식, 더 나은 교육 환경을 만들지 못했다는 어른으로서의 자책과 반성도 놓치지 않았다. 인터뷰를 마치고 가는 길, 밤거리를 걷는데 자꾸 눈물이 삐져나왔다. 인터뷰 도중에도 몇 번이나 속이 울렁울렁 눈물이 나려는 걸 참았는데 눌러놓은 게 올라왔다. 그에게 들은 말이 내 안에서 계속 무한 재생되고 있었다. 그 모든 진실의 목격자로서 자신은 지독한 무기력에 빠져 있었다고 말하는 선생님의 고백도 마음이 쓰였다. 커다란 슬픔의 봇짐을 전달받은 사람처럼 내 걸음은 마냥 비틀비틀 느려졌다. 인터뷰를 한다는 것은 짐을 나누어 지는 일이므로 응당 그래야 했다. 그래서 좋았다. 인간으로서는 슬퍼도 인터뷰어로서는 기뻤다. 동준이 담임을 만날 수 없는 상황에서는, 특성화고 전체를 아우르는 관점으로 정보, 정서, 교훈까지 말해줄 수 있는 장윤호 선생님이 최적의 인터뷰이라는 생각이 들었다. 나도 모르게 뜬금없이 철지난 유행가 한 소절이 떠올랐다. "널 만났다는 건 외롭던 날들의 보상인걸—."(인터뷰는 짧은 연애가 맞다.) MZ세대 부모님이나 알 법한 30년 전 노래 〈내가 아는 한 가지〉, 가수는 이덕진. 무의식의 바닥에 가라앉아 있던 노래 한 소절이 느닷없이 떠올랐다는 건 그만큼 내면 깊은 곳이 건드려졌다는 게 아니겠는가. 인터뷰에서는 실망도 좌절도 슬픔도 약이 된다. 섭외할 때 차이고 또 차여도 끝이 끝은 아니다. 간절한 바람은 슬픈 인터뷰이 얼굴로 온다.

인터뷰어의 공부법

> 지난 10년을 통틀어 내가 가장 하고 싶었던 것은
> 정치적인 글쓰기를 예술로 만드는 일이었다.
> ─ 조지 오웰, 『나는 왜 쓰는가』에서

한 학인이 수업 시간에 다가와 말을 건다.

"제 친구가 쌤 인터뷰 특강을 들었대요."

"어머, 그래요? 뭐래요? 도움이 됐으려나요…(조마조마)."

"좋았대요. 그래서 뭐가 좋더냐고 물어보니까, 쌤이 인터뷰할 때 모르는 걸 모른다고 말할 수 있을 정도로 사전 조사를 충실하게 해야 한다 했다고."

"그렇죠. 대화의 레벨을 맞추는 게 중요해요."

"친구가 그러던데요. '그 정도의 자신감은 있어야 인터뷰하나 봐!'"

나로서는 모르는 걸 모른다고 말하는 걸 '자신감'으로 해석한 점이 인상적이었다. 듣고 보니 일리가 있었다. 어떤 무지의 실토는 뻔뻔함으로 또 어떤 무지의 인정은 자신감으로 비춰진다. 그 차이는 뭘까. 일전에 어느 장년 배우를 인터뷰할 때 "조사 잘 해왔다"라는 말을 들었다. 나는 내심 당연한 거 아닌가 싶어서 머쓱했는데 그가 한탄조로 말했다. "요즘 젊은 기자들 중에 인터뷰하러 와서 나한테 몇 년생인지 물어보는 사람도 있어요. 그 없는 시간에. 그러면 아무 말도 하기가 싫어요."

맙소사, 내가 다 민망할 노릇이었다. 그러곤 재빨리 되짚어보았다. 나도 혹시 인터뷰이에게 저와 유사한 실망을 주진 않았을지. 말길이 열리게끔이 아니라 말문이 막히게끔 나의 무지를 전시한 적은 없는지…. 당연히 있었다. 그날의 인터뷰이는 점포 하나로 시작해 전국에 체인을 낸 젊은 사업가였다. 성공 스토리는 물론 책으로 나왔고.(우리나라 편집자들은 진짜 열심히 일한다.) 이런 입지전적 인물은 사보 매체의 성격에 맞춤한 취재원이다. 당시에 인터뷰 권태기였던 나는 슬럼프의 원인을 분석하다가 지나친 예습이 문제가 아닐까 추측했고, 사전 조사를 너무 많이 해 가니 다 아는 얘기라서 흥미가 덜한 거 같다고 판단했다. 그래서 인터뷰이가 쓴 책을 '모처럼' 읽지 않고 나갔다. 돌다리도 삼세번을 두드리고 바들바들 떨며 건너는 소심한 겁쟁이, 그래서 준비 왕이 된 나로선 처음 있는 일이었다. 아마도 내가 그에게 질문을 하면서 뭐 나이까진 아니지만 이것저것 기초 정보를 꽤나 성가시게 물어봤나

보다. 인터뷰 중간 즈음, 인터뷰이가 나긋한 표정을 바꾸며 말했다.

"제 책 안 읽고 오셨어요?"

나는 너무 놀란 나머지 눈동자를 떨구었다. 저 원래 이런 사람 아니걸랑요, 라는 말이 목구멍까지 차올랐지만 그의 책을 안 읽은 건 사실이므로 변명의 여지가 없었다. "사정이 있어서 미처 못 봤습니다"라고 터놓고 넘어갔는데 그날 인터뷰를 어떻게 마쳤는지 기억이 나지 않는다. 아마 그이도 어디선가 말할지 모른다. "작가라는 사람이 말이야 책도 안 읽고 인터뷰에 왔지 뭐야, 쯧쯧쯧."

두 예화가 말해주는 교훈은 단순하다. 인터뷰이에 대해 전부 다 알 수는 없다. 삶은 늘 인식보다 크다. 아무리 준비해도 놓치는 게 있다. 그런데 나의 무지가 무기가 되는 경지에 이르려면 인터뷰이의 신뢰를 얻어야 하고 신뢰는 성실한 준비에서 온다는 사실이다.

뭘 알아야 물어볼 게 있다. 질문은 앎을 토대로 더 나은 앎을 찾아가는 일이다. 질문의 시간은 공부의 시간 다음에 온다. 예를 들어 명절에 만난 큰아버지처럼 불쑥 '가만 보자, 네가 지금 몇 살이지?'라고 말을 걸어오면 어서 그 자리를 피하고

만 싶지 않은가. 반대로 저 사람과 말이 좀 통하겠다 싶으면 별생각이 없다가도 나도 모르게 입이 터지고 마는 경험은 누구나 한 번쯤 했을 거다. 단 한 번 허락된 시간, 낯선 관계에서 이뤄지는 일회성 대화인 인터뷰는 더 분위기를 탄다. 기세를 잘 잡아야 한다. 그래서 나는 좋은 대화를 위한 만반의 준비, 자료 조사에 공을 들인다. 최현석 셰프가 '셰프 위에 재료'라고 말했는데, 요리를 예술로 만들기 위해 최고의 식재료를 준비하는 셰프처럼, 정치적인 글쓰기를 예술로 만들기 위해 노력하는 오웰처럼, 인터뷰어도 자료 조사에 임해야 하는 것이다.

인터뷰가 잡히면 가장 먼저 노트북에 폴더를 만든다. 폴더명은 '있지만 없는 아이들' '은유의 연결_쎄돌' '시 번역가 인터뷰집' 등 프로젝트명이나 인터뷰이 이름으로 짓는다. 그다음에 하위 폴더로 '자료' 파일을 생성한다. 여기에 먼저 인터뷰이의 신상을 모아둔다. 나이, 사는 곳, 데뷔 시기 등 기본적인 인적 사항을 찾아 정리해놓는다. 그리고 인터뷰이의 관심사나 활동하던 시대에 대해 공부하기 시작한다. 나의 사전 자료 조사는 기사나 책 읽기, 영화 보기, 현장 가기로 이뤄진다. 이 세 가지가 내겐 인터뷰 국영수 같은 느낌이다.

    가장 중요한 책 읽기. 인터뷰 단행본 작업의 경우 공부하는 기간을 길고 넉넉하게 잡는다. 시 번역가들 인터뷰집 『우리는 순수한 것을 생각했다』를 내기로 결정하고 가장 먼저 한 일은 문학 서적 탐독이다. 테리 이글턴의 『문학을 읽는다는 것』 같은 고전부터 황현산 문학평론가의 『말과 시간의 깊이』 같은 내가 좋아하는 문학평론집. 그리고 이성복의 『무한화서』 같은 시 아포리즘을 챙겨두었다. 그런데 모아놓고 보니 어째 저자가 죄다 고인이거나 고연령층 남성이다. 예전엔 책을 고를 때 저자의 연령이나 성별을 고려하지 않았는데 그러다 보니 손에 잡히는 책의 저자가 최소 70세 이상, 최대 500-600년 전 사람(예를 들면 1533년생 몽테뉴)이었다. 그걸 자각한 후로는 시간의 검증을 거친 고전과 함께 동시대 젊은 작가의 책도 일부러 찾아본다. 인터뷰에서 만날 사람이 '젊은이'라면 마땅히 인터뷰이 세대의 문화와 언어를 습득해두어야 그가 하는 말이 들린다.

    말귀를 알아듣고 싶다는 소박한 의지를 갖고 젊은 시인들 시 창작 에세이를 검색해 『영원과 하루』를 주문하고, 예전에 읽었던 젊은 작가들 앤솔러지 산문집 『교실의 시』를 다시 꺼냈다. 그리고 시집. 시 번역의 고충과 보람을 들으려면 시를 피해 갈 수 없다. 인터뷰이가 예시로 드는 시를 최소한 제목이라도 알아들어야 한다. 그래서 난이도가 높아서 잘 손이 안 간다는 이유로 책장 맨 위 칸으로 모셔두었던 『이상 전집』을 책상으로 내려놓았다. 김혜순, 이소호, 황인찬, 김현 등의 시집을 책상, 침대, 식탁 등에 두고 짬짬이 펴 보거나 가방에 넣고 다녔다.

다음은 인터뷰이 관련 언론매체 기사나 인터뷰이가 쓴 글 모으기. 씨돌 선생님같이 매스컴에 소개된 분들은 인터넷 검색으로 해결된다. 그런데 자료가 너무 많은 것도 너무 없는 것만큼 현기증 나는 일이다. 특히 인터넷에는 확인되지 않은 정보가 많으므로 신뢰할 만한 언론사를 중심으로 검색한다. 언론사 기사는 기자, 교열기자, 데스크 등 여러 단계를 거쳐서 출고되므로 신뢰할 만하다. 기사를 일독한 후 중요한 내용이나 정보는 복사-붙여넣기로 저장한다. 나중에 질문할 때 요긴하다. "이전 ○○ 매체와의 인터뷰에서 이런 얘길 하셨는데요. 그 의미를 더 설명해주시겠어요"라거나 "지금도 그렇게 생각하시나요"라는 식으로 물어보면 인터뷰이의 깊고 확장된 혹은 변화된 생각을 들을 수 있다.

　　인터넷에 정보가 안 나오는 사람들을 만날 땐, 인터뷰이에게 요청한다. 제가 인터뷰 전에 읽어보고 참고할 만한 자료가 있으면 좀 보내달라고. 자신이 쓴 작업 일지나 블로그 글, 작은 매체에 기고한 글 등 활자로 된 자료가 있으면 편하다. 그렇게 취합한 자료를 뒤적이다 보면 거기서 또 읽어야 할 책이나 영화가 생긴다. 예를 들면 『우리는 순수한 것을 생각했다』에 나오는 승미 한일 번역가는 인터뷰 전에 자신이 쓴 글을 보내주었는데 거기에 김금희의 단편 「너무 한낮의 연애」가 삶의 전환점이 된 중요한 작품으로 언급되었다. 그래서 인터뷰 전에 전자책으로 구입해 황급히 읽고 나갔다. 박경리의 『토지』처럼 대작이라서 완독이 어려운 경우를 제외하고는 거의 읽으려고 한다. 인터뷰를 핑계로 누군가와 책 이야기를 나누면 너무 행복하니까, 나의 쾌락은 소중하니까, 기꺼이 책을 편다. 이러다 보니 인터뷰를 앞두면 중간고사를 앞둔 학생 모드가 될 수밖에 없다. 물론 벼락치기를 최소화하기 위해선 평소 이것저것 장르에 구애됨 없이 책을 읽어두면 좋다. 그런 점에서 인터뷰는 처음부터 나랑 궁합이 맞는 일이었다. 세상 어디에 쓸까 싶었던 습자지처럼 넓고 얇은 독서 이력, 계통 없이 장르 불문하고 그냥 좋아서 읽어둔 책들이 인터뷰어가 되고 난 뒤 든든한 자산이 되는 마법이 일어났다. 적어도 어디에 어떠한 관련 도서가 있다는 것만 알아도 큰 도움이 된다. 찾아서 읽으면 되니까. 자기계발서 어법으로 정리해보면 이렇다. 인터뷰어는 스페셜리스트보다 제너럴리스트가 유리하다.

단행본 작업 이야기를 좀 더 해보자면, 미등록 이주아동의 목소리를 담은 『있지만 없는 아이들』을 쓰느라 인터뷰 작업을 할 때도 『아빠, 제발 잡히지 마』 『나의 미누 삼촌』 『어느 날 난민』 『소수자와 한국사회』 『난민, 난민화되는 삶』 등 시중에 나온 관련 서적을 잔뜩 쌓아두고, 플래그를 붙이고 형광펜을 그어가며 수험생 모드로 독파했다. 그런데 가장 요긴한 책은 따로 있었다. 2019년에 국가인권위원회와 이주인권단체가 공동 협력 사업으로 펴낸 '미등록 이주아동의 체류권 실태조사'라는 제목이 붙은 270쪽 분량의 보고서였다.

이 자료집은 미등록 이주아동 인터뷰를 진행하기로 결정한 다음 날, 국가인권위원회 담당자로부터 전달받았다. 미등록 이주아동과 청소년, 그들의 부모, 활동가 등을 인터뷰한 녹취록 그리고 관련 통계 자료가 담겨 있다. 페이지가 넘어갈 때마다 느껴지던 막막함이 지금도 생생하다. 처음 듣는 얘기인 데다가 내용이 도통 이해가 가질 않아서였다. 가령, 미등록 이주아동은 학교를 다닐 수는 있어도 체류 자격이 없기에 외국인 등록증도 없는 상태. 그래서 신분증이 필요한 모든 일에서 배제된다. 학교 홈페이지에 등록할 수 없고, 의료보험 가입이 안 된다. 비싼 의료비 때문에 병원을 잘 못 가고 운동선수의 꿈도 포기했다는 사례, 사회복지사가 꿈인 아이가 봉사활동을 하고도 '1365 자원봉사포털'에 가입할 수가 없어서 수기로 해야 했다는 증언 등등. "비자가 없는 걸 알고 나서 친구들에게 비밀이 많아졌어요" "나는 존재하는데 존재하지 않는 사람처럼 살아가는 것이 괴로웠습니다"와 같은 아이들의 고백은 충격과 놀람의 연속이었다. 도돌이표가 많은 악보처럼 계속 앞 문장으로 다시 돌아가야 했다. 아니 왜, 어째서 이런 일이 일어나는가를 연발하다 보면 책장이 넘어가지지 않았다. 학술어도 외국어도 전문용어도 없는데 그 어떤 책보다 어려웠다. 나중에는 두꺼운 자료집을 반으로 분철해서 가방에 넣고 다니며 틈틈이 읽었다. 보고 또 봤다. 가장 슬펐던 대목이 있다.

"아는 사람도 없기 때문에 어쩔 수 없이 아이를 집에 두고 밖에서 문을 잠그고 일을 하러 갔습니다. 먹을 것과 변기 같은 걸 다 준비해두고 공장에 가서는 점심시간이나 쉬는 시간에 집에 와서 아들이 잘 있는지 확인했습니다."

미등록 이주아동 호준이 어머니 인화 님의 이야기는 읽는 동안 너무 목이 메었다. 어린아이의 안전을 걱정하느라 불안한 마음을 누르고 노동해야 하는 엄마와, 빈방에 찬밥처럼 덩그러니 놓인 어린아이를 생각하자 눈물이 쏟아졌다. 그렇게 보고서 270쪽을 넘기며 이게 무슨 상황인지 공부하고 이해하고 이해가 안 되어서 외우느라 한 달이 가고 두 달이 갔다. 마침내 일독을 마쳤다. 나중에 이주아동을 만나 인터뷰를 하고 원고를 쓰면서도 자료집을 수시로 들춰보았다. 확실히 두 번째 세 번째 볼 때는 글자가 눈에 들어왔고 맥락이 파악됐다. 무척 도움이 컸다. 개념어로 정리된 이론서, 문학으로 승화된 이야기에는 나오지 않는, 날것 그대로의 거칠고

두서없는 증언들, 정제되지 않은 말들을 받아들이는 지루한 시간을 보내지 않았다면, 나는 인터뷰이 말의 겉만 듣고 속은 놓쳤을지도 모른다.

나의 취미는 (영화 보기가 아니라) 극장 가기다. 글 쓰다가 스트레스를 받으면 극장으로 달려간다. 두 아이를 양육하는 동안 갈망하게 된 요소 '내 시간, 내 공간, 내 느낌'을 재빠르고 간편하고 완벽하게 충족시켜주는 장소가 극장이다. 영화는 타인의 삶으로 들어가는 두 시간짜리 입장권이다. 컴컴한 극장에 갇혀 있다 보면 꼼짝없이 사람의 행동을 관찰하고 감정 변화를 살펴보고 생각하는 시간을 보내야 한다. 사람 공부의 교재인 책과 달리 영화는 보는 시간이 오래 걸리지 않는 것이 장점이다. 영화는 인터뷰 자료 찾기에도 쓰인다.

『아빠의 아빠가 됐다』의 저자 조기현 작가를 인터뷰했다. 조기현 작가는 고등학교를 졸업한 뒤 상상마당 영화아카데미에 등록했다. 뭐라도 해보려던 스무 살 그해에 아버지가 쓰러져 보호자가 되었고, 그 8년의 과정을 책으로 쓰며 '청년 돌봄'을 사회적 의제로 만든 청년이다. 자료를 찾아보니 그는 중고등학생 때부터 영화를 섭렵한 시네키드였고 특히 사회주의파 다르덴 형제를 좋아한다며 몇몇 영화를 언급했다. 나는 다르덴 형제의 작품 중에 〈내일을 위한 시간〉〈자전거를 탄 소년〉 외엔 본 게 없었다. 그래서 그가 사회문제에 경종을 울리고 현실을 바꾸어낸 영화로 언급한 〈로제타〉를 챙겨 봤다. 영화가 내 스타일이었다. 짬짬이 한 편씩 챙겨 보다가 다르덴 전작주의가 되었다. 시작은 인터뷰 준비였고 그렇게까지 할 일은 아니었지만 난민 같은 사회적 약자를 담은 시선과 감독의 세계관에 이끌려서 계속 다음 작품으로 넘어갔다. 나는 이런 순간이 좋다. 한 사람의 세계가 내 안으로 들어오는 일이, 타인에게 영향 받아서 이전보다 나의 내면이 풍요해지는 순간이.

평소에 봐둔 책처럼 영화도 인터뷰에서 도움이 된 사례가 있다. 의사가 주인공인 프랑스 영화 〈언노운 걸〉은 신영전 의대 교수를 인터뷰하며 공공의료와 주치의 등록제에 관해 이야기할 때, 그리고 일본 트랜스젠더의 삶을 따라간 다큐멘터리 〈하늘과 나무 열매〉는 트랜지션 중인 호영 한국문학번역가를 인터뷰하고 트랜스젠더의 삶을 이해할 때 중요한 참고 자료가 되었다. 수년 전에 봤지만 워낙

강력한 인상과 영감을 받은 작품이었기에 내가 만난 인터뷰이 삶에 바로 붙었다. 이런 경험을 몇 차례 하고 나니 나는 더욱 '영화 보기'를 소홀히 할 수 없게 되었다. 일상생활에서는 접점이 없는 삶을 간접적으로라도 살아보고 타인의 영혼을 방문하는 기회가 영화를 보는 동안 주어진다.

마지막으로 인터뷰 준비 세 번째는 현장 가기다. 한번은 신문사 젊은 기자들 공부 모임에 초대되어 강연을 했는데, 그때 한 분이 내게 다가오더니 말했다.

"몇 년 전 국회 앞에서 고 김용균 노동자 관련 기자회견에 작가님이 오신 걸 봤어요. 저도 취재 갔었거든요. 글을 어떻게 쓰셨을지 궁금해서 찾아봤더니 기사가 없더라고요."

우선 누가 나를 알아봤다는 사실에 적잖이 당황해서 혼잣말처럼 중얼거렸다.

"취재 간 게 아니라 그냥 간 거였는데…."

집회 현장, 농성 현장도 가려고 애쓴다. 고 김용균 노동자가 태안화력발전소에서 일하다가 기계에 끼는 사고로 참변을 당했다는 기사를 봤을 때 충격이 컸다. 너무도 낙후된 공장 환경, 청년의 참혹

한 죽음까지 이럴 수는 없는 일이었다. 뭐라도 해야 할 것 같은데 무엇을 해야 할지 몰라서 집회가 있다는 사실을 알면 시간을 내어 가보았다. 글을 쓰려고는 아니고 궁금하고 답답해서 뛰쳐나갔다. 한번은 기자회견장에서 고인의 어머니 김미숙 님이 스마트폰을 보며 발언하는 걸 목격했다. 저 원고를 직접 쓰시는지 궁금증이 생겨서 주변 사람에게 물어보니 손수 쓴다고 했다. 굉장히 인상적이었다. 비정규직이 처한 현실 진단과 아들의 죽음에 대한 분노가 담긴 내용은 빈틈이 없었다. 어떻게 쓰신 걸까? 그해 연말에 김미숙 선생님이 『시사인』 '올해의 인물'로 선정되어 내가 인터뷰를 하게 되었을 때 아들을 잃고 시작한 글쓰기를 키워드로 삼았고, 평소 집회 현장에서 보고 느낀 것들을 단초로 삼아 인터뷰를 진행했다.

이처럼 시를 좋아해서 시인 낭독회에도 가고, 가야 할 것 같아서 이태원 참사 1주기 집회도 간다. 이렇게 다니면 나중에 인터뷰나 글쓰기에 도움이 될 거라는 목적을 안고 가는 건 아니다. 남의 아픔을 내 작업으로 수단화해서는 안 될 일이고, 무엇이든 뜻 없이 무심하게 해야 오래 할 수 있다. 한 달 전에 간 현장을 한 달 후에 활용하는 경우는 없었다. 수년 전 본 영화가, 몇 년 전 간 집회가, 무의식 저편에 웅크리고 있다가 어떤 계기를 만나면 불쑥 떠오르는 것뿐이다. 특히 나는 인터뷰어로 일하기 전에도 집회를 다녔고, 시를 좋아했고, 영화를 좋아했고, 다행히 그 좋아하는 마음이 식지 않았고, 그러다 보니 하는 일에도 도움이 된 것뿐이었다. 이래서 나는 쓰는 삶이 좋다. 글쓰기가 있는 삶에서는 불필요한 게 하나도 없다. 대학에 진학할 것도 아닌데 왜 그리 철학 공부를 하냐며 의아해하던 눈초리에도 불구하고 읽었던 책들, 영화 리뷰로 책을 낼 것도 아닌데 본 영화들처럼 일상의 파편으로 흩어져 있던 경험이 글 안에서 퍼즐처럼 절묘하게 합을 이룬다. 창작은 삶에서 나온다고 할 때, 인터뷰어에겐 자기 본능을 배반하지 않고 착실하게 다져놓은 일상이 곧 인터뷰 사전 준비의 나날인 것이다.

극장에서 내리기 전 〈땅에 쓰는 시〉라는 정영선 조경가에 관한 다큐멘터리를 부랴부랴 보러 갔다. 선유도공원, 여의도 샛강 공원 등 아름다운 도심 속 자연을 가꾼 것으로 이름난 분의 이야기다. 유명한 사람이라서 관심이 간 건 아니고, 나란 사람이 어디에다 던져놓아도 해 저물 때까지 놀 수 있는 서울을 사랑해서다. 나의 고향 나의 사랑 서울의 아름다운 정원 이야기를 커다란 화면으로 눈에 담아두고 싶었다. 뭐 당장에는 정원사를 만날 일은 없겠지만 삶은 언제나 예측보다 더 큰 세계로 나를 데려다놓았으니 모를 일이기도 했다. 장래희망이 정원사인 학생을 만났을 때 영화를 권해줄 수도 있고 선유도공원을 조성할 때 나무를 실어 나른 운수노동자와 닿을 수도 있는 일이다.

그로부터 몇 달쯤 흘렀을까. 『시사인』에 연재하는 인터뷰가 잡힌 날, 인터뷰 장소로 이동하기 위해 박미소 사진기자와 취재 차량을 타고 서울 시내 도로를 달리고 있었다. 옆으로는 아침햇살에 빛구슬이 굴러다니는 한강이 길게 흐르고 위로는 파란 하늘과 가을 색으로 물든 동네 산들이 나타났다가 사라졌다를 반복했다. 서울의 가을 아침에 또 반해서 나는 자꾸만 사진을 찍어댔다. 사진기자가 앉은 앞자리에서도 찰칵 소리가 들려왔다. 운전기사님과 셋이 서로 저기 좀 보라고 여기가 어디라며 말을 잇고 감탄사를 섞어 수다를 떠는 중 박미소 기자가 정영선 조경가 이야기를 꺼내며 "이분에 관한 영화가 있는데," 그러기에 "〈땅에 쓰는 시〉 저도 봤는데"라며 맞장구를 쳤다. 우리 이야기를 듣고 있던 기사님이 말했다. 무슨 이야기를 하면 그게 딱 나오고 티키타카가 되는 대화가 부럽다고. 지나가듯이 한 말이었는데 난 인터뷰에 관한 이야기로 들렸다. 좀 있으면 만날 인터뷰이와도 부디 강물 흐르듯 대화가 이어지기를 바랐다. 시험지 받기 전 평소 공부한 데서 문제가 출제되기를 바라는 학생처럼, 인터뷰 가는 길 나는 조금 초조한 마음이 된다.

질문지는 대화의 지도

> 인생은 여러 갈래 중 한곳이 막혔을 때
> 가장 강한 모습을 드러낸다.
>
> — 크리스티앙 보뱅, 『환희의 인간』에서

"우리나라에 직업이 몇 개나 될 것 같아요?"

직업 전문가를 인터뷰했을 때 그가 물었다. "음, 천 개 정도요?" 나는 마구 올려서 찍었다. 그럼에도 내 예측보다 열 배는 많았다. 직업사전에 따르면 1만 2천 가지라고 했다(15년 전 일이다). 그는 직업 교육을 나가 청중에게 아는 직업을 말해보라고 하면 교사, 의사, 소방관, 농부, 대통령, 공무원 등등 대략 스무 가지 정도 나온다고 했다. 유아용 교재 '일하는 사람들' 카드에 있을 법한 직업의 대명사들이다. 나 역시 이런 수준을 벗어나지 못하다가 자유기고가로 일하는 동안 아는 직업의 세계를 넓혔다. 영화계로 치면 감독이나 배우, 조명감독, 미술감독 정도를 떠올리다가 인터뷰 기회가 와서 폴리아티스트를 만나면서 그런 직업도 알게 됐다. 폴리아티스트는 영화에서 주인공이 걷는 소리, 담배 타들어가는 소리 같은 음향을 만들어 입히는 일을 한다. 이런 식으로 대중에게 알려지지 않은 직업들,

각 분야에서 우리 사회를 지탱하고 있는 사람들은 많고도 많았다. 그들을 찾아내는 일은 사보기획자가 한다. 적정 인물을 물색해 섭외까지 마친 상태로 몇 날 몇 시에 누구를 어디서 만나고 이런 주제로 인터뷰해달라는 '취재요청서'를 자유기고가에게 보낸다.

메일을 받는 순간부터 나의 업무가 개시된다. 인터뷰이에 관한 자료를 찾고 질문지 작성하기. 그런데 인터뷰 질문지를 작성하려고 하면 번번이 당혹감이 밀려왔다. 질문지는 인터뷰라는 여행의 지도인 셈인데, 떠오르는 물음은 왜 이리도 빤하고 시시한 것들뿐인가. 어쩔 수 없다. 그건 삶이 크게 별다르지도 대단하지도 않기 때문인지 모른다며 합리화를 하기도 했다. 대체로 직업인 인터뷰의 질문지는 몇 가지 기본 매뉴얼에서 시작했다.

—어린 시절에 무엇을 하고 노는 아이였나
—이 일을 직업으로 삼은 계기가 있다면
—가장 힘들었던 사건이나 잊지 못할 실수가 있다면
—위기 국면에 도움이 된 것은
—그만두고 싶었던 적이 있다면

─일을 계속 하게 하는 동력은
─나의 일을 한 문장으로 혹은 세 가지 단어로 설명한다면
─전문성을 높이기 위한 노력은
─동료들과 갈등을 푸는 방법이 있다면
─당신에게 일이란
─요즘 화두나 관심사는

이런 정도의 얼개만 짜놓아도 되는 게, 인터뷰는 준비한 질문지 목록을 1번부터 차례로 읽어 내려가는 일이 아니기 때문이다. 인터뷰어의 답변을 듣고 그에 대해 심화 질문으로 나아가는 게 핵심이다. 즉, 답변이 다시 질문으로 이어져야 한다. 가령 첫 직장에서 일하다가 번아웃이 와서 퇴사했다는 말을 들었다면, 그런데 직장에서 가장 힘들었던 요소가 무엇이었는지 물어봐야 한다. 급여 조건일 수도 있고 인간관계일 수도 있다(대부분 인간관계였다). 그러한 선택을 내린 이유를 힌트 삼아 그가 삶에서 중시하는 것, 그리고 그만의 본성과 세계관에 다가갈 수 있다.

'인생은 고해'라는 말은 알았지만 인터뷰어로 일하며 절감했다. 누구나 삶의 곤경과 위기를 만난

다. 아니, 곤경과 위기를 만났던 이들만 내 앞에 인터뷰이로 나타난 것일 수도 있다. 초년 고생이냐 말년 고생이냐. 언제 겪느냐에 따라 시기만 다를 뿐 예외는 없었다. 질병, 사고, 파산, 낙방, 결별 등. 그래서 어떤 고난이 있었는지 단지 내용 파악에 그쳐서는 '이야기'가 성립되지 않는다. 고통 그 자체, 사건 그 자체는 글이 될 수 없다. 이에 대해 폴란드 작가 올가 토카르추크도 노벨문학상 수상 연설에서 언급했다. "삶은 다양한 사건들을 만들어내지만 우리가 그것을 해석하고 또 이해하려고 애쓰고, 거기에 적절한 의미를 부여할 수 있을 때 비로소 경험으로 탈바꿈한다"라고. 단순한 이치다. 한 사람이 겪은 고생과 고난을 독자들이 왜 알아야 하는가, 라는 물음을 던져보면 답이 나온다. 우리가 인터뷰를 통해 세상에 퍼뜨려야 할 것은 고통 자체가 아니라 고통을 통과하며 그가 내린 해석들, 즉 경험에서 얻은 지혜나 깨달음이다. 삶이란 이렇다는 감각, 인생에 대한 통찰 같은 메시지다. 그 귀중한 걸 얻어내기 위해서는 제대로 물어야 하는 것이다.

　　예전에 어느 무형문화재 장인을 인터뷰했을 때 그가 고생한 이야기를 들려주었다. 젊었을 때 화재로 집이 불타고 큰 손실을 겪었다길래, 나는 무심

코 어머, 힘드셨겠어요, 그 위기를 어떻게 극복하셨어요, 했더니 그가 말했다.

"극복은 무슨 극복이야. 그냥 사는 거죠."

그 말이 두고두고 귓전에 맴돌았다. 그 후로 나의 질문은 진화했다. 삶에 닥친 고난을 어떻게 타고 넘었습니까. 혹은 너무도 고통스러울 때 하루를 보내는 비법 같은 게 있으신가요. 이건 인생에 고통이 없기를 바라는 천진한 꿈을 버리게 된 나부터가 너무 알고 싶은 인생 꿀팁이기도 했다.

조금은 감초 같은 질문도 필요하다. 크리스마스 케이크는 카스텔라 빵과 생크림, 딸기 같은 기본 재료가 맛있고 신선해야 하지만 그것만으로는 부족하다. 미니 산타 모형이나 트리 같은 장식이 화룡점정으로 꽂혀야 성탄절의 맛이 완성된다. 예전에 북토크에서도 느꼈다. 내가 청소년 노동자의 죽음 등 사회의 부조리한 사건을 다룬 책을 써서 그런지 북토크에서도 진지한 기류가 흐른다. 그날도 글이 잘 안 써지는 소소한 고충, 사회적 약자가 고통받는 바뀌지 않는 현실에 대한 분노, 알고도 실천하지 못하는 자신에 대한 자책 같은 이야기들로 현장 질문이 흘렀다. 그런데 한 분이 손을 들고 마이크를 쥐더니 물었다.

"작가님, 동안 비결이 뭔가요?"

느닷없이 날아든 엉뚱한 질문에 나도 웃고 객석에서도 웃음이 터졌다. 그 순간 웃음소리는 무더위에 잠깐 쏟아진 소나기처럼 유쾌했다. 덕분에 나도 숨을 잠시 돌렸다. 그러고 나니 북토크의 공기가 한결 부드러워졌다. 웃음은 긴장을 풀어주고 활력을 높이는 비타민이라는 사실을 실감했다.

인터뷰도 다르지 않다. 질문지 작성의 포인트는 질문에 강약을 주는 것이다. 나는 인간의 고통과 삶의 난처함에 관해서라면 온종일 쉼 없이 떠들 수 있을 만큼 관심이 지대하지만, 그렇다고 인터뷰에서 내내 그런 주제만 다루는 건 위험하다. 인터뷰어도 인터뷰이도 두뇌에 과부하가 걸려서 쓰러질지도 모른다. 고통을 생각하고 슬퍼하는 일에는 에너지가 엄청나게 소모되는 법이다. 등산하다가 종종 바위에 앉아 하늘 한 번 쳐다보고 물 한 잔 마시고 숨을 고르고 또 발걸음을 내딛듯이, 인터뷰의 여정에서도 시시콜콜한 휴식 같은 질문이 필요하다.

—요즘 맛있게 먹은 음식이 뭐예요?
—아침에 눈뜨면 뭘 먼저 하세요?

―최근에 들은 기분 좋은 말이 있다면요?
―가장 많이 시켜 먹는 메뉴는?

묵직한 질문으로 분위기가 깊어지는 대화가 필요하지만 그렇다고 영영 무겁게 가라앉으면 곤란하다. 나 역시 그럴 때가 있는데 얼른 정신 차리고 분위기 전환을 위해 싱거운 사람 모드가 되려고 노력한다. 큰 질문의 무게에 잠식당하지 않도록 돕는다면 작은 질문은 결코 작지 않다.

다음은 단행본 작업을 위한 인터뷰 질문 만들기.
자립준비청년 관련한 르포르타주 단행본 작업을 해보자는 제안을 한 편집자에게 받았다. 한 번의 미팅과 몇 번의 메일을 교환하는 논의를 거치며 계약서를 작성했다. 그리고 두 번째 미팅에서 그 편집자는 아름다운재단 사업팀에서 낸 자립준비청년 관련한 자료집 출력본을 내밀었다. 가장 큰 사이즈의 집게를 써야 할 만큼 두툼했고 대충 훑어만 봐도 온갖 그래프와 수치와 사연이 빼곡했다. 자료를 욱여넣은 가방을 메고 돌아서는 길, 돌이킬 수 없는 강을 건너는 느낌이 들었다.

자료집은 왜 하나같이 이렇게 무거운가. 그만

큼 사회 여러 층위의 문제가 엉키고 교차하는 사안이라서 그럴 것이다. 몇 번의 르포 작업을 하면서 비슷한 감정이 들었는데, 자료집은 사람을 기죽이는 면이 있다. 나는 압도당하지 않기 위해 의연하게 코웃음을 한 번 쳤다. '지가 그래봤자 보고서지.' 예전에 김점선 화가가 그랬나. 수학 문제를 잘 풀려면 일단 깔봐야 한다고. 어렵다고 생각하면 해법이 안 보인다는 거다. 그 말이 인상적이어서 나는 쫄릴수록 일단 깔보고 시작한다.

그 주에 하루 날을 잡아서 자료를 들고 볕 좋은 카페로 갔다. 차고 단 홍시주스를 빨대로 수혈하며 기분을 띄운 다음 새로 산 형광펜을 한 손에 쥐고 자료를 읽었다(문구는 중요하다). 자립준비청년 사업 담당자가 쓴 관련 책 『안녕, 열여덟 어른』을 미리 읽어두었더니 내용 파악에 도움이 되었다. 이틀에 걸쳐 완독하고 형광펜으로 그어둔 정보를 '자립준비청년_자료' 문서에 일일이 타이핑했다. 금세 눈이 침침해지고 손가락 관절이 얼얼해졌지만 이런 육화 과정을 거쳐야 내가 살아보지 못한 자립준비청년의 언어들이 조금씩 익숙해진다.

첫 번째 인터뷰이로 손자영 님을 만나기로 했

다. 그는 자립준비청년 당사자로서 아름다운재단 캠페이너로 활동했다. 인터넷 포털 검색 창에 자립준비청년, 손자영 등을 검색했다. 그가 『한겨레』에 연재하는 칼럼도 읽었다. '손자영' 폴더 아래 '손자영_자료' 문서를 만들어서 중요한 문장을 입력했다. 산책할 때는 자립준비청년 당사자가 운영하는 유튜브 채널 〈누가바로 19길〉을 들었다. 그리고 버스에 실려 가면서, 설거지를 하면서, 책을 읽으면서, 잠을 청하면서, 그러니까 매 순간 짬짬이 질문지를 구상했다. 무엇을 물어보면 좋을까. 나는 무엇이 왜 궁금한가. 손자영 님은 그간 인터뷰를 많이 해서 좀 지겨울 수도 있을 텐데 그가 정말 하고픈 말은 무엇일까….

최소 일주일 전에 '손자영_질문지' 문서를 생성했다. 생각나는 대로 메모하고 나중에 덧붙이고 수정하려면 여유를 둬야 한다. 처음엔 영화 시나리오의 신(scene) 기호처럼 #으로 카테고리를 잡는다. #기본 정보들(생년월일, 퇴소 날, 입학) #자립 이전 생활 #자립 이후 일상 #캠페이너 활동 #현재 이슈 등으로 큰 얼개를 잡는다. 그리고 내용을 채워갔다. 한 사람의 삶을 이해할 때 필요한 정보들, 마음들, 생각들을 떠올리며 일단 나열한다. 그리고 나서 처음부터 읽어 내려갔다. 필수 항목은 다 들어간 거 같은데, 그래서인지 전반적으로 평이했다. 모든 게 있다는 건 아무것도 없다는 뜻이기도 하다. 호구조사 같은 질문지가 마음에 썩 들지 않았다. 파일을 닫고 다른 접근법이 없을까를 또 짬짬이 고민했다. 이 인터뷰이만의 고유함은 무엇일까. 거기에 집중하다 보니 키워드가 떠올랐다. 연결, 자기돌봄, 어른. 세 단어를 중심으로 질문지를 재구성했다.

손자영_질문지

#연결
―『한겨레』 칼럼을 어떤 마음으로 쓰는지
―나만의 글쓰기 원칙이 있다면
―글을 쓰고 나서 변화한 것들
―팟캐스트 〈열여덟 어른이 살아간다〉 100회 넘게 진행했는데, 제작에서 중시하는 것은
―쓰고 말하기의 어려움이 찾아오는 순간에 어떻게 하는지
―캠페이너로서 스스로 생각한 역할은 무엇인지
―"거짓말하지 않고 온전한 자신의 이야기를 들려주는" 일이 왜 중요한지

―언제 솔직한 이야기를 하게 되는지
―상대에 대한 불쌍한 취급이 기분 나쁜 걸 알면서 나도 그런 생각을 한 적이 있는지
―보육원에서 같이 살던 언니 두 명의 자살 사건 이야기
―사회적 연결이 닿지 않아 고립된 자립준비청년들에 대해
―나를 향한 편견, 내가 가진 편견

#자기돌봄
―"내 삶은 억울하다. 왜 하필 나인지 모르겠다." 스무살 때 매일매일 분노하다가 잦아든 계기는
―2014년 8월 4일 자립하던 날, 어떤 밤을 보냈는지
―여성 청년으로서 자립하는 데 또 다른 어려움이 있다면
―직장 생활에서 가장 견디기 힘들었던 것
―퇴사 후 진학까지 2년간 매일 카페에서 독서를 했다고 하는데 독서 목록은
―한 인터뷰에서 책을 읽은 후 "내가 처한 상황이 내 잘못이 아니란 걸 서서히 느꼈죠"라고 했는데 어떤 책이었고, 어떤 깨달음인지 더 듣

고 싶다
—소속감이 간절했던 마음에 대한 이야기
—대학 때 심리학 공부가 도움이 되었던 예를 든다면
—장학재단 모임에서 다양한 자립준비청년들 만나고 든 생각들
—장학금 등 사회적 지원을 받을 때 듣고 싶지 않은 말들
—스물네 살 몽골 해외 봉사 이야기, 남을 돌보면서 생긴 변화
—인문학, 영어 등을 공부하고 세계가 넓어질수록 잘 살고 싶어진다고 했는데, 왜일까
—뭐든 열심히 하는 이유가 무엇인지

#어른
—돈은 어느 정도 있으면 좋겠는지
—내가 자립준비청년이라서, 라는 생각이 들 때는 언제인지
—내가 생각하는 보통의 청춘은
—내 주변의 어른으로 생각나는 사람은
—편견이 깨졌던 사례와 그때의 기분
—좋은 어른이 되려면 어떻게 해야 할까

―목소리 내는 일을 계속 해나가는 동력은

 인터뷰 전 인터뷰이에게 질문지를 미리 보내야 할까. 그건 매체나 사람에 따라 다르다. 나는 인터뷰이가 요청하는 경우에는 보낸다. 작가로 살다 보니 나도 인터뷰이로 나갈 때가 생기는데, 난 질문지를 먼저 요청하지 않는다. 이유는 인터뷰이에게서 잘 준비된 답변, 정제된 언어가 나오면 좀 지루했던 경험이 있기 때문이다. 인터뷰에서 팔딱이는 말, 두서없고 거칠어도 어디로 튈지 모르는 말을 들었을 때 더 몰입감 있고 흥미로웠다. 그렇지만 심사숙고한 답변은 내용의 충실함을 담보한다. 일장일단이 있다.

 손자영 님의 경우엔 위의 질문지를 보냈다. 내가 출판사 편집자에게 발송한 질문지가 아름다운재단 사업 담당자의 손을 거쳐 손자영 님에게 도착했다. 무려 세 명이나 거쳤기에 나는 몹시도 부끄러웠다. 어차피 같이 작업하는 동료들이지만 그래도 질문지를 내보이는 건 마치 일기장을 공개하는 기분이 들었다. 질문지는 질문자의 마음, 가치, 욕망이 여과 없이 투과되는 스크린이다. 어쨌든 논술 답안지 제출하는 학생의 심정으로 질문지를 보내놓고 나니 이런저런 걱정이 스멀스멀 올라왔다.

'혹시 나도 모르는 무례한 질문이 있으면 어쩌지….'

그래도 어쩌겠는가. 이게 나다. 자립준비청년을 처음 만나는 나. 실수하면서 배우는 나, 그러니 '처음'이 베푸는 관용에 기대는 수밖에.

그리고 인터뷰 날, 두 시간을 꽉 채워 인터뷰를 마쳤다. 자리를 정리하고 나가는 길에 손자영 님이 내게 다가와 조용한 음성으로 말했다.

"저 사실 질문지 받고 눈물이 났어요."

"어머, 왜요…?"

"이분이 나에게 관심을 갖고 있다는 게 느껴져서요."

나는 합격증서를 받은 것처럼 좋았다.

덧붙이자면, 질문의 순서도 중요하다. 나는 질문지를 짤 때 우선은 생애 순서대로 흐름을 잡는다. 어린 시절에 어떤 아이였는지, 학창 시절 기억에 남는 에피소드가 무엇인지 등 물어가며 현재에 이르러 주제와 관련한 질문을 모은다. 시간에 따른 구성이 가장 안정감을 주며 쉽고 만만하니까. 그런데 나중에 질문지를 확정할 땐 질문의 순서를 바꿔준다. 자립준비청년이라고 해서 만나자마자 '보육 시설에 언제 입소했나요?'부터 물어보는 건 실례라는 생각이 든다. 그가 자립준비청년이라서 만나는 건 사실이지만 자립준비청년이라는 사실은 그의 일부이지 전부가 아니다. 인생 어느 시기의 한 상태였을 뿐이다. 인터뷰는 한 인격을 만나는 일이지 인격의 일부를 만날 순 없다. 눈앞에 있는 사람을 하나의 정체성으로 축소시키는 순간 대화의 영토는 좁아진다. 그래서 나는 누구를 만나든 '요즘 근황'을 묻는 질문을 맨 위에 놓는다. 인스타그램 피드에 인터뷰이의 발리 여행 사진이 올라와 있다면 여행이 어땠는지를 1번 질문에 배치한다. 인터뷰이 입장에서는 최근 일이니 기억이 생생하다. 마음 편하게 이 말 저 말을 하다 보면 마음의 빗장도 자연스레 풀릴 것이다.

마지막으로, 답하고 싶지 않은 질문도 있을 테니 인터뷰이에게 질문지 메일을 보낼 때 아예 이렇게 덧붙인다.

"인터뷰하면서 제가 듣고 싶거나 필요한 이야기 궁금한 사항들 위주로 질문을 짜보았습니다. 그리고 모든 질문에 답하지 않으셔도 됩니다. 살펴보시고 편안하게 말씀해주세요."

그곳이 어디라도, 두 사람만 있다면

>들어오세요, 벗어놓으세요, 당신의
>슬픔을. 여기서는
>침묵하셔도 좋습니다
>— 라이너 쿤체, 「한 잔 재스민 차에의 초대」 전문

 흰 깔깔이 커튼 아래로 평화로움을 담당하는 초록빛 식물이 고고하다. 2-3인용 소파 옆에 키다리 거실 조명이 보초를 서고 협탁 위 포인트 조명이 두어 곳에서 주광색 불빛을 발하며 공간의 무드를 잡아준다. 벽면엔 어김없이 앙리 마티스의 드로잉 액자가 걸려 있고, 중앙에 놓인 기다란 우드 테이블은 원룸 공간의 무게중심을 잡아준다. 딱 봐도 라이프스타일 앱 '오늘의집' 톤으로 꾸며진 이곳은 화보 촬영, 인터뷰, 모임 등을 위해 시간당 비용을 지불하고 이용하는 공유 공간이다.

 오늘의 인터뷰 장소는 여기다. 인터뷰를 위해 대구에서 아침 기차를 타고 온 박미숙 선생님을 양재역에서 만나 같이 이동했다. 박 선생님은 슬리퍼로 갈아 신고 들어오며 "참 좋네요. 요즘은 인터뷰를 이런 데서 하나 봐요. 저번에 〈PD수첩〉 촬영할 때도 이런 데에서 했는데"라며 주변을 한 바퀴 둘러

봤다. 이곳을 예약한 『시사인』 인터뷰 지면 담당기자는 노트북을 켜며 말했다. "조용한 곳이 아무래도 말씀하기 편할 것 같아서 여기로 정했어요." 그 말을 듣고 박 선생님은 작은 목소리로 말했다.

"장소는 어디라도 상관없어요. 말할 수 있는 자리라면요."

박 선생님 자리 건너편에 앉아 질문지를 훑던 나는 그 말에 가슴이 턱 막혔다. 박미숙 선생님은 쿠팡 칠곡물류센터에서 심야 노동을 하다가 스물여덟 나이에 과로사한 고 장덕준 님의 어머니다. 사건 발생 후 벌써 4년이 흘렀고, 유가족에게 사과 한마디가 없는 쿠팡 측과 민사소송 중이다. 대기업의 횡포에 맞서 싸우는 그는 어디든 가고 누구든 만나서 아들의 죽음을 둘러싼 진실을 밝혀야 한다는 의지가 강했다. 힘겨운 싸움 중이었다. 나는 자동 연상처럼 또 다른 '미숙'이 떠올랐다. 나의 멋진 인터뷰이였던 고 김용균의 어머니 김미숙 선생님. 68년생 미숙이들. 비정규직 노동자로 일하던 너무 젊고 빛나는 천금 같은 아들을 잃은 시대의 아픈 이름들.

어쩌자고 첫 질문을 하기도 전에 나는 눈물부터 터졌다. 인터뷰가 무르익어 중후반부에 감정이 올라오는 경우는 있어도, 아침 댓바람에 시작부터 눈물이 나온 건 처음이었다. 돌이켜 보니 이렇게 예기치 못한 상황이 발생한 데는 공간 분위기가 컸다. 자연 빛이 차단된 차분한 실내 공간, 고해성사라도 해야 할 것 같은 가까운 거리의 마주함, 그리고 절실함으로 자신을 낮추는 창백한 낯빛의 인터뷰이…. 이 모든 요소들이 어우러져 내가 가장 취약해지는 시간인 오후 6시, KBS 클래식 FM 〈세상의 모든 음악〉 시그널이 나올 것 같은 일몰의 쓸쓸함이 연출된 것이다.

그동안 무수한 곳에서 인터뷰를 진행했다. 카페, 회의실, 스튜디오, 동네 책방, 스터디카페, 스타벅스, 가정집, 가게, 거리, 공원 등등. 사실 박 선생님 말씀대로 인터뷰 장소는 어디라도 상관없는 게 맞다. 그것이 진정한 프로다. 원칙대로라면 확성기 소리 쩌렁거리는 집회 현장에서도 인터뷰를 해야겠지만, 나도 젊을 땐 그래야 한다고 우겼지만, 지금은 생각이 좀 다르다. 시끄러운 곳에서는 아무래도 집중 시간에 한계가 있고 '용건만 간단히' 인터뷰가 되기 쉽다. 그렇다고 또 너무 조용해서 인터뷰이가 마시는 음료가 목울대를 타고 넘어 위장으로 내려가는 소리까지 생생하게 들려도 영 민망하다. 어쨌

거나 그간 경험한 장소를 중심으로 장단점을 정리해보면,

우선 집. 『시사인』에 연재하는 '은유의 먹고사는 일' 인터뷰이로 만난 산재유가족 김영희 님과 급식노동자 김규희 님은 그분들 집에서 만났다. 본인에게 의미 있는 음식을 직접 요리해주시고 잡지에 나갈 음식 사진까지 찍어야 해서 집으로 찾아갔고, 주방 옆 식탁에서 인터뷰가 진행됐다. 집의 장점은 인터뷰이가 긴장을 덜 한다는 점이다. 그리고 인터뷰어 입장에서는 인터뷰이를 이해하는 뜻밖의 단서를 얻을 수 있다. 물컵 하나에도 기호가 있고 사연이 있으니까, 모든 사물이 대화로 들어가는 입구가 된다.

김규희 님의 집 거실에는 그가 서울일반노조 대의원대회에서 찍은 사진이 TV장 위에 놓여 있었다. 아버지가 아닌 어머니의 노조 활동이 전시돼 있는 이채로움에 나는 눈길이 갔다. 그만큼 배우자와 자녀의 전폭적인 지지 속에서 노조 활동을 했으리라 짐작했다. 가족들의 생각을 물어봤더니 특히 아이들이 엄마를 자랑스러워했다며 그가 말했다.

"아들은 밥하는 엄마보다 혁명가 엄마가 더 좋

다고 해요."

 와, 대박! 인터뷰이 입에서 이런 어디에도 없는 표현, 핵심을 관통하는 말이 나올 땐 속으로 쾌재를 부른다. '제목 나왔네 나왔어~.' 그건 집이 품고 있다가 내어준 선물 같은 문장이다.

 집의 단점도 있다. 인터뷰이에게 너무 익숙한 장소라서 그만큼 익숙한 이야기를 터놓게 된다. 보통 사람은 일상 공간을 탈출해 여행을 가거나 낯선 장소에 가면 새로운 자극을 받는다. 그런 측면에서 집은 인터뷰이의 '다른 자아'가 깨어날 기회가 차단되는 측면이 있다. 그래서 글쓰기 수업에서 학인들에게 인터뷰 과제를 내줄 때 당부한다. 어머니, 아버지나 자녀 등 가족을 인터뷰할 때는 집 아닌 곳에서 만나보라고. 일상을 보내는 공간에서 추리닝 같은 편한 옷을 입고 식탁에 마주 앉으면 아무래도 인터뷰 각이 나오기 어려워서 그렇다. 한 학인은 명절에 본가에 내려가 어머니를 인터뷰했는데 동네 카페에 자리 잡고 무려 다섯 시간이나 이야기를 했다고 한다(음료는 두 번 시켰겠지).

 다음 인터뷰 장소는 프랜차이즈 카페. 교통의 요지에 있어서 인터뷰이가 오기 편한 게 장점이다.

옛날로 치면 역전 시계탑 앞 느낌이랄까. 위치가 찾기 좋고 사람들이 많아서 특유의 활기가 있고 익명의 존재로 숨기에도 편하다. 게다가 편의점처럼 메뉴가 많으니 음료 고를 때도 수월하다. 그래봐야 거의 아메리카노지만.

내겐 프랜차이즈 카페에 대한 난감한 기억이 있다. 인터뷰이는 인천 쪽에 사는 청소년으로 영등포가 편하다고 해서 영등포 타임스퀘어 스타벅스에서 만났다. 십대 때는 화려한 곳에 대한 호기심도 있을 것 같아서 거기를 제안했고 그도 흔쾌히 응했다. 한쪽 구석 자리에서 초코케이크랑 음료를 시켜놓고 녹음기를 켰다. 그런데 문제가 발생했다. 타임스퀘어는 건물 중앙이 통으로 뚫린 구조라서 말소리가 웅웅거렸다. 특히 그의 목소리는 크지 않아서 발화와 동시에, 내 귀에 닿기도 전에 공중으로 휘발됐다. 내 상체는 점점 앞으로 기울었다. 그러다가 안 되겠기에 조금 크게 말해달라고 부탁했다. 동시에 나는 상대의 입 모양을 관찰해가며 내용을 파악했다. 그때를 계기로 프랜차이즈의 아무 지점이나 이용하면 안 된다는 교훈을 얻었다.

내가 애용하는 곳은 커피빈 종로점, 스타벅스 망원점 등이다. 두 곳 다 공간이 널찍하고 통창이 있어서 답답하지가 않다. 사실 어느 카페냐보다 중요한 건 그 카페의 좋은 자리를 선점하는 것이다. 일전엔 스타벅스 망원점에서 오후 5시 30분에 인터뷰이를 보기로 했다. 나는 5시 전에 도착했다. 명당자리가 어딘지 좀 살펴볼 요량이었다. 그곳은 한쪽 벽면이 통창이다. 창 너머에 바다가 보이는 것도 아닌데 제주도 '오션뷰 카페'처럼 창 쪽을 향해 1인용 쇼파가 두 개씩 놓여 있는 연인 특화형 배치가 특징이다. 마치 거기에 앉아 있으면 파도 소리가 들릴 것 같은 착각이 든다. 현실은 겨울철 나뭇가지의 앙상한 수형이 도드라질 뿐이지단 잎새가 없어도 나무는 나무인지라 묘하게 힐링이 된다. 자연과 닿아 있다는 위안을 받는다.

    마침 창가에 테이블이 비었길래 얼른 달려가서 일단 앉았다. 잠시 후 옆 티이블에서 들려오는 말소리의 데시벨이 심상치 않았다. 슬쩍 보니 중장년 여성 다섯이서 테이블 두 개를 붙이고 의자를 끌어다가 반상회 대형으로 둥그렇게 앉아 있는데, 내용도 강력했다. 집에서도 가게에서 파는 것처럼 족발을 부드럽고 냄새 안 나게 삶는 법이 주제였다. 대화라기보다 웅변대회처럼 번갈아가며 서로의 노하우를 나누다 보니 목소리가 점점 높아졌다. '하,

인터뷰 녹음할 때 족발 삶는 법이 들어가면 어쩌나.' 나는 다른 자리를 찾기 위해 일어났다. 한 바퀴 돌아보아도 다 마땅치가 않았다. 나는 의자와 테이블을 밀어서 옆 좌석과 자리를 최대한 떼어놓았다. 시계를 보고 있다가 15분 전 인터뷰이에게 문자를 넣었다.

—저 창가 자리에 와 있습니다. 찬찬히 오셔요.

이색적인 인터뷰 장소로 고궁을 경험한 적이 있다. 앞서 말한 손자영 님의 인터뷰는 아름다운재단 사무실에서 진행했다. 그날이 자립준비청년 단행본 작업의 첫 인터뷰여서 출판사 편집자도 동행했다. 긴 테이블 중간에 우리 둘이 앉고 편집자, 그리고 재단의 사업 담당자도 동석했다. 넷이 앉아서 둘이 대화하는 식이다 보니 초반엔 방청객도 아니고 면접관도 아닌 두 사람의 존재가 조금 신경이 쓰였다. 자리를 비워달라고 하지 않은 건, 나는 프로니까! 라기보다는 회색 벽면의 사무실에 너무 둘이서만 있어도 '취조' 분위기가 조성될 우려가 있어서다. 여기 같이 있어도 괜찮겠냐는 그분들의 말에 난 얼마든지 계셔도 된다고 했다.

집에 가서 인터뷰를 복기하다 보니 여러 군데

에서 더 묻고 싶은 질문이 생겼다. 그래서 자영 님에게 한 번 더 만나주십사 하고 데이트 신청을 했다. 마침 그가 사는 곳이 우리 집과 30분 거리로 멀지 않았다. 그의 동네로 갈까 하다가 좀 특별한 만남의 자리를 만들고 싶었다. 자영 님이 인터뷰에서 산을 좋아한다고 말했으니, 같이 남산 산책길이라도 걸을까? 아니다. 아무리 완만해도 산은 산이니 숨이 차서 대화가 안 될 수도 있었다. 불광천을 걸을까? 일자로 뻗은 길이 재미없고 운동하는 주민들로 붐벼서 대화는 어려울 것 같았다. 그러다가 고궁이 떠올랐다. 도심 중앙에 있으니 찾아오기 쉽고 경치도 아름답고 어슬렁어슬렁 다니기에 길도 널찍하고 조용한 벤치도 많아서 녹음하기도 좋을 거 같았다. 무엇보다 나는 경복궁이나 덕수궁을 계절에 한 번은 가는 편이라서 장소를 잘 아니까. 인터뷰이를 모셔놓고 헤매지 않을 자신이 있었다. 그래서 덕수궁 매표소 앞에서 만났다. 자연을 좋아하는 자영 님은 예상대로 5월의 덕수궁을 돌며 "너무 예뻐요"라며 탄성을 연거푸 터뜨렸다. 우리는 조금 걷다가 벤치에 앉아서 한 30분 이야기하다가 또 걷다가 석조 건물 계단에서 또 이야기 나누다가 숲길 나무 그늘 아래 바위에서 대화를 마저 이어갔다. 실내에서라면 나누지 못했을 속 깊은 이야기를 두런두런 나누었다. 평일 오후의 고궁은 한산하고 2천원 입장료를 내고 들어오면 오래 있다고 눈치 주는 사람도 없으니 의외로 인터뷰 장소로 훌륭했다. 유일한 단점이라면, 낮말을 듣는 새가 곳곳에 숨어 있다는 것뿐.

"인터뷰를 다 동네책방에서 하셨던데 특별한 이유가 있나요?" 『우리는 순수한 것을 생각했다』 북토크에서 눈 밝은 독자들이 묻곤 했다. 인터뷰 장소는 그 책에 숨겨놓은 숨은그림찾기 같은 요소였으므로 알아봐주는 분들을 만나면 기분이 좋았다. 한국문학 번역가 7인의 인터뷰가 고요서사, 위트앤시니컬, 서점리스본&포르투, 부비프 등등 서울의 동네책방에서 이뤄졌다. 이것은 편집부 아이디어다. 동네책방이 돈벌이 목적보다는 자기가 좋아하는 일을 하려는 사람들, 또 책을 좋아하는 사람들이 꾸리는 공간이라는 점에서 우리가 소개할 한국문학번역가와 결이 맞는 장소라는 것, 또 책에 들어갈 인물사진 배경으로도 책방이 맞춤하다는 것을 고려한 선택이었다.

나에게도 동네책방은 완벽한 덕업일치의 장소다. 그냥도 찾아가는 곳을 일을 핑계 삼아 가다니

얼마나 좋은가. 책방은 언제나 들뜨면서도 마음이 편안해지는 곳, 내가 나로 활성화되는 장소다. 땅값 비싼 서울에 자리하다 보니 책방들이 좁긴 하지만 오히려 그래서 오붓하고 대화의 몰입에 유리했다. 이야기를 나누다가 인터뷰이 어깨 너머로 언뜻언뜻 책등의 제목들이 눈에 들어오면 활자가 끊임없이 소곤대고 있는 듯한 환청이 들리곤 했다. 차가운 적막이 아닌 따스한 서가, '너무 시끄러운 고독'을 보장하는 공간인 동네책방은 혼자 가도 좋지만 인터뷰 장소로도 더없다.

INFJ의 말문 트기

모든 것은 단지 거기 있을 뿐이고,
그것들은 모두 의미 그 자체다.

— 욘 포세, 『샤이닝』에서

인터뷰이를 섭외한 후 장소가 확정되어 인터뷰를 진행하고 기사를 써서 송고하기까지. 나의 작업 과정을 뇌파 그래프로 뽑아본다면 제일 불안정한 곡선이 나오는 구간은, 녹음기를 켜고 인터뷰이와 마주 앉아 눈이 딱 마주쳤을 때부터 15분 정도일 것 같다. 자, 이제 이야기를 한번 해볼까요, 라는 신호가 교환되는 순간 말이다. 초창기에는 천둥벌거숭이처럼 들떠서 그랬는지 아주 많이 긴장하지 않았다. 하지만 시간이 흐를수록 '말문 떼기'가 여간 조심스러운 게 아니다.

'오늘 참 날씨가 춥죠.' '더운데 오시느라 힘드셨겠어요.' '오늘같이 화창한 날에 이렇게 나와주셔서 감사합니다.' '비도 오는데 차가 막히진 않았나요?' 어떻게 말해도 말투가 호텔 커피숍 소개팅에 나온 사람처럼 어색하고 부자연스러웠다. 그렇지만 말의 내용은 순도 높은 진심이다. 어떤 날씨에도 불구하고 귀한 시간 내어 왕림해주시니 감사한 마음이 크다. 간략한 안부 의례를 마치고 나면, 자 그럼 인터뷰 해볼까요, 라며 질문지에 적힌 대로 읽어 내려갈 수는 없다. 그래선 안 된다. AI가 아니니까.

MBC 방송국이 상암동이 아니라 여의도에 있던 시절(아, 옛날이여)에 아침뉴스 앵커를 인터뷰했다. 그가 뉴스를 마치는 시간에 맞춰 포토그래퍼, 어시스턴트, 나 이렇게 세 사람이 방송사 내 카페에서 대기하고 있었다. 방송을 마치고 나온 앵커가 젠틀한 미소를 지으며 여기까지 오셨으니 음료를 대접하겠노라고 말했다. 잠시 후 테이블에 모여 앉았는데 까만 음료 셋에 주황 음료 하나다. 오전 9시까지 현장에 나오느라 잠이 덜 깬 우리 취재진은 아메리카노이고, 그의 앞엔 오렌지주스가 놓여 있었다.

'이건 좀 희귀한 경운데?' 나는 주스를 시키는 어른을 오랜만에 본 터라서 궁금증이 발동했고 기어코 물어보았다.

"음, 오렌지주스 색이 예뻐요. 근데 혹시 커피 안 좋아하세요?"

"아니에요. 좋아하는데요, 지금 커피를 마시면 잠의 질이 떨어져서요."

그러더니 그가 설명을 시작했다. 아침뉴스를

진행하기 위해서는 "스님 예불시간인 새벽 3시에 일어나서 씻고 준비하고 출근하고 뉴스 마치면 집으로 가서 못 잔 아침잠을 10시부터 오후 2시 정도까지 자거든요. 그리고 다시 두 번째 일과를 시작해요."

"아, 안 그래도 몇 시에 기상하시는지 궁금했는데 덕분에 하루 일과를 들었네요. 다음 질문으로 넘어갈까요?"

그날의 대화는 그야말로 물 흐르듯이 진행됐고 끝까지 수월하게 마쳤다. 나는 자리를 정리하며 "혹시 더 취재할 일 있으면 연락드리겠습니다"라고 말하는 동시에 처음 인사 나눌 때 그가 건넨 명함을 보았다. 그런데 이메일 주소에 달린 숫자가 '1789'가 아닌가. 나는 어쩐지 친근감이 들어서 입꼬리를 올리며 "프랑스혁명 좋아하시나 봐요?"라는 이상한 질문을 던졌다. '3·1운동 좋아하시나 봐요'도 아니고, 이제 생각하니 말이 안 되는 물음지만 그걸 계기로 또 가볍지만은 않은 수다를 5분 정도 이어갈 수 있었다.

이날의 교훈은 주스 한 잔에도 하루 일과가 들어 있다는 것. 그리고 이메일 주소는 취향과 가치의 반영이라는 것. 그러므로 대화의 좋은 씨앗이 된다는 사실이다. 나는 자유기고가 때 '파란닷컴'(아, 옛날이여2) 메일을 썼는데, 메일 주소가 beforesunset이었다. 취재를 나가서 명함을 주면 알아보는 사람이 꼭 있었고 그들은 반갑게 말을 걸어오곤 했다. "혹시 영화 〈비포선셋〉인가요?" 그렇다고 말하는 순간 초면에서 오는 경계심의 둑방이 무너지고 대화는 급물살을 타고는 했다. 주로 에단 호크가 얼마나 잘생겼는지에 대한 짧고 굵은 수다로 마무리되긴 했지만. 아마 이때부터 이메일 주소를 챙겨 보는 습관이 들었던 거 같다. 울산, 포항에 있는 대기업 공장으로 취재를 나갔을 때 남자 연구원들 명함을 받으면 이메일 숫자는 하나같이 사번 학번 군번이었는데, 그게 놀라운 게 아니라 혹시 이 숫자 학번이냐고 물어보면 어떻게 알았냐고 놀라는 모습에 놀랐다. 아무려나, 핵심은, 대화를 개시하는 방법은 사람에 대해 알고자 하는 마음, 인터뷰이에 대한 사소한 것도 놓치지 않는 오지랖에서 온다는 사실이다.

기죽지 않습니다

> 모깃소리보다도 더 작은 목소리로
> 아무도 하지 못한 말을 시작하는 것이다.
> 아무도 하지 못한 말을 그것을—
>
> — 김수영, 『시여, 침을 뱉어라』에서

자유기고가 초창기에 유명한 지휘자 인터뷰를 의뢰받은 적이 있다. 못 한다고 할까 망설이다가 수락했는데 인터뷰 날짜가 다가올수록 한탄스러웠다. 내가 클래식 음악에 소양이 없다 보니 심도 있는 질문으로 대화를 이끌 수 없을 거고, 그렇다고 클래식의 역사를 벼락치기 할 수도 없고, 괜히 자책의 시간을 보내다가 재량껏 준비를 해서 나갔다. 그런데 막상 현장에서 나의 근심은 무색해졌다. 기본적인 몇 가지를 물어보고 인터뷰이가 하는 말을 듣고 거기에 따라 나오는 추가 질문을 하고 났더니 시간이 훌쩍 지나가 있었다. 그때 알게 됐다. 인터뷰는 인터뷰어의 지식을 과시하는 자리가 아니라는 사실을. 애초부터 인터뷰의 기획 자체가 전문가 대담이 아니어서 해당 주제의 심화 단계까지 나아갈 일이 거의 없다. 나에게 요구되는 역할은 클래식 전문가가 아니라 전문가의 말을 나 같은 비전문가 독자에게 친절하고 안전하게 실어 나르는 전달자라서, 그 임무를 잘 완수하면 되는 것이다.

한번은 모 방송국 PD 스터디 동아리에서 나에게 인터뷰에 관한 인터뷰를 요청했다. 그 자리에 나온 분이 개인적인 고민이라며 말을 꺼냈는데, 대략의 내용은 이랬다. 세계적인 명사를 인터뷰할 때에 스스로 그만한 자격이 없는 거 같고 한없이 작아지는데 어떻게 해야 하냐는 거였다. 난 듣자마자 속으로 웃음이 났다. 젊은 PD의 고민이 젊은 나의 고민과 너무도 똑같지 않은가. 나는 PD에게 명사들도 어느 한 분야의 전문가일 뿐이므로, 맡은 역할이 서로 다른 동료 시민으로 만나면 되는 거 같다고 기죽지 마시라고 말해주었다.

그때 미처 하지 못한 이야기를 하자면, 니체가 쓴 『차라투스트라는 이렇게 말했다』에는 학자나 소위 전문가를 비판하는 구절이 곳곳에 꽤 나온다. '학자에 대하여'라는 글에는 대놓고 "저들 학자들이 누리는 존엄과 존경 위에 잠들기보다는 차라리 황소 가죽 위에서 잠을 청하겠다"라고 하는가 하면 "맷돌처럼, 절굿공이처럼 저들은 일한다. 낟알을 던져주기만 하면 된다! 그것을 잘게 빻아 하얀 가루로 만드는 법을 이미 알고들 있으니"라고 조롱한다.

그들은 태엽을 제대로 감기만 하면 움직이는 시계처럼 "정신이라는 양말"을 뜨고 있는 실질적인 삶과는 동떨어진 자들이라는 거다. 니체가 좀 과하다 싶을 정도로 독설을 퍼부으니 어리둥절하기도 했지만 통쾌하기도 했다. 사실은 나도 살수록 느낀다. 한 분야를 깊게 파고들려면 필시 다른 부분은 큰 구멍이 나게 된다. 한 분야의 전문가가 생활 감각이나 사회적 눈치 면에선 심각한 결여 상태에 놓인 경우를 정치 뉴스나 페이스북만 봐도 어렵지 않게 확인할 수 있다. 나는 나이가 들고 사람을 만나는 경험이 누적되면서 '사람'에 대한 존중은 커졌지만 소위 '전문가'에 대한 추앙은 버리게 되었다. 앞에 나온 이야기를 다시 가져오자면 그리 대단한 사람은 없는 것이다.

그리고 자기과시의 시대에 존재가 작아진다는 건 좋은 일이라고 생각한다. 작은 존재를 얕보는 게 문제지, 스스로 작아져서 아무도 해치지 않고 압도하지 않고 남의 말을 잘 흡수할 수 있다면 인터뷰어로서는 더없이 좋지 아니한가.

닫힌 질문과 열린 질문

"백인들이 절 감옥에서 빼줬어요." 한번은 세서가 베이비 석스에게 이렇게 말했다.

"널 감옥에 집어넣은 것도 그들이야." 베이비 석스가 대답했다.

"백인들이 어머니를 강 건너까지 데려다주었잖아요."

"내 아들 등에 업혀온 거지."

"백인들이 어머니에게 이 집을 줬어요."

"나한테 뭘 거저 준 사람은 아무도 없어."

"백인들 덕분에 제가 일자리를 얻었는걸요."

"그자는 요리사를 얻었잖니, 애야."

"오, 몇몇 백인들은 우리를 정당하게 대해줘요."

"그때마다 항상 놀라잖니, 안 그래?"

"예전에는 이런 식으로 말씀하지 않으셨어요."

"나한테 덤비지 마라. 태초부터 살았던 백인들을 모두 합친 것보다 그 작자들이 빠뜨려 죽인 우리 흑인들이 더 많을 게다. 그러니 네 칼을 내려놔. 이건 싸움이 아니야. 참패지."*

토니 모리슨 소설 『빌러비드』의 한 장면으로,

---

* 토니 모리슨, 『빌러비드』, 최인자 옮김, 문학동네, 2014.

덴버가 할머니 베이비 석스와 엄마 세서가 나누는 대화를 떠올리는 부분이다. 난 너무 좋아서 몇 번이고 읽고 또 읽었다. 노련한 선수가 탁구공을 쳐내듯이 말의 흐름을 주도하며 편견을 깨나가는 걸 따라가다 보면 사고의 지평이 열리는 느낌이다. '이만하면 착한 백인'은 '대놓고 악독한 백인'보다야 낫다고 나도 생각했다. 하지만 베이비 석스의 말대로, 자신의 온당한 권리를 백인의 품성과 호의에 기대해야 하는 건 여전한 비극임을 알게 되었다.

　　이렇게 책에서 발견하는 좋은 대화 장면은 '이게 인터뷰라면?' 하는 상상으로 무작정 나를 이끈다. 인터뷰가 토론은 아니겠지만, 대화를 통해 서로 생각의 확장이나 경험의 발견이 일어나지 않는다면 무슨 의미가 남을까. 내가 생각하는 좋은 인터뷰는 이렇다. 인터뷰이는 질문을 받는 자리에서 고심하고 답하며 자기도 미처 몰랐던 자신의 생각을 정리할 기회를 얻고, 인터뷰어도 타인의 이야기를 들으면서 자신이 가진 편견의 귀퉁이라도 허물어질 계기를 얻는 만남의 장이라고. 소설 속 두 여성이 나눈 대화처럼 말이다. 물론 그게 쉽지가 않아서 부러운 건데, 멋진 대화를 하는 방법은 묘연하지만 난 이거라도 지키려고 노력한다. 당연한 걸 당연하게 여기지 않고 한 번 더 질문하기.

　　급식노동자 김규희 님을 만났을 때다. 직업관에 대한 이야기를 하던 중 물었다.
"급식노동자 일을 잘하려면 가장 필요한 것이 무엇이라고 생각하세요?"
"애들 사랑하는 마음? 음, 사랑까지는 오버지만, 잘 먹었다고 하고 가면 예쁘죠. 저 두 그릇 먹었어요, 세 그릇 먹었어요, 하면 너무 기뻐요. 일단 애기들을 잘 먹여야 한다. 누가 시킨 건 아닌데. 우리는 자부심을 갖고 일해요. 돈 벌려고 오지만 책임감으로 일한다."
　　여기까지 들었을 때 나는 무척 감탄했다. 자신의 직업에 대해 단단한 긍지를 갖고 있는 사람이 즉문즉설처럼 소신을 피력한다. 이것은 깨우친 자의 언어가 아닌가! 일상의 부처를 만나는 기분이었다. 그리고 공감이 갔다. 무엇보다 나 또한 식생활을 중시하는 양육자로서 두 아이에게 등굣길마다 당부하고는 했다. 학교 가서 급식(이라도) 잘 먹고 오라고. 그래서 '애기들을 잘 먹여야 한다'는 김규희 님의 말이 유독 반갑게 귀에 꽂혔다. 근데 나야 그렇다치더라도, 그는 왜 애들을 잘 먹여야 한다고 생각

할까. 잘 먹이는 게 나한텐 너무도 당연한데도 모르는 척 망설이다가 물었다.

"근데요, 애들을 잘 먹이는 게 왜 중요해요?"

이번에도 1초의 망설임 없이 답이 돌아왔다.

"밥 먹으러 학교 오는 애들이 있어요. 그 애들을 실망시키고 싶지 않아요. 선생님들도 '저 밥 먹으러 학교 와요' 그래요. 밥을 맛있게 먹을 준비가 돼 있죠."

바로 이거다. 밥 먹으러 회사 가는 직장인들이 있듯이, 밥 먹으러 학교 가는 학생들도 적지 않다. 먹는 즐거움은 인간을 움직이게 하는 것이다.

일전에 강연을 간 한 중학교 교장 선생님이 들려준 이야기다. 가정 돌봄이 안 이뤄져서 학교에 잘 안 오는 아이가 있었는데 결석 일수가 많아져 유급 위기에 처하자 교장 선생님이 직접 학생의 집으로 찾아갔단다. 아이를 만나서 '누구야, 학교 와서 밥만이라도 먹고 가라'며 달랬다고 했다.(정성을 쌓아야 아이들이 변한다며 가정 방문까지 다니시는 이 교장 선생님을 인터뷰하고 싶었다.) 글쓰기 수업에서도 더러 나오는 내용이다. 등교를 거부하는 아이에게 양육자들은 '학교 가서 급식만이라도 먹고 오면 안 되겠느냐'며 협상한다. 이처럼 공교육의 역할은 학습만이 아니라 돌봄과 양육에도 있다는 진실을 급식 노동자인 그가 생생하게 증언해주었다.

앞서 「질문지는 대화의 지도」에서도 언급했지만, 하나의 질문에 하나의 대답으로만 대화가 전개되면 인터뷰가 사실의 나열에 그치고 만다. 단조로운 평면적 대화에 양감을 만들어주려면 질문에 대한 답변을 듣고, 그것이 중요하다고 판단할수록 답변을 근거로 한 파생 질문으로 나아가야 한다. 어느 장년 여성 인터뷰이가 그랬다. '내가 공부할 기회만 있었으면 이러고 안 살아." 나는 묻는다. "그럼 어떻게 살고 싶으셨어요?" 한 사람이 가진 삶에 대한 열망과 열의는 더없이 좋은 이야깃거리다. 인터뷰어 입장에서는 맥락상 충분히 이해가 됐더라도 주제에 해당하는 이야기는 대화를 더 길게 끌고 가면 좋다. 중요한 내용일수록 독자가 오래 머물며 생각할 수 있도록 문장을 길게 펼쳐주어야 하는 것이다. 나의 상식이 남의 상식은 아니거니와 나에게 당연한 게 남에게도 당연하진 않으니까. 막연한 짐작을 정확한 진실로 견인해주는 말을 얻어내는 것이 인터뷰어의 일이다.

예외적으로, 사실의 나열로 된 단답형 인터뷰

가 재미를 주는 경우도 있다. 전설의 프랑스 사진가 인터뷰집 『앙리 카르티에 브레송과의 대화』의 마지막에는 프루스트의 질문지가 공개돼 있다. 브레송과 프루스트가 대화를 나눈 것인데 재밌고 감각적이며 심지어 알차다.

가장 가지고 싶은 재능은 어떤 것입니까?
손쉬운 일을 경계하기

당신의 가장 큰 업적이 무엇이라고 생각합니까?
손톱 깎는 일

남성에게서 어떤 자질이 가장 중요하다고 생각합니까?
성숙함과 직관력

여성에게서 어떤 자질이 가장 중요하다고 생각합니까?
성숙함과 직관력

당신이 가장 경멸하는 인간은 누구입니까?
사람들을 경멸하면 안 된다고 생각합니다. 대신, 어째서 그렇게 행동하는지 그 까닭을 이해하려고 노력해야 합니다.

당신이 가장 싫어하는 것은?

나 자신의 무지

당신에게 가장 큰 사치는 무엇입니까?

상상력*

우문현답의 모범이다. 사실 이 글을 읽고 나는 인터뷰어가 아니라 인터뷰이에 이입했다. 언뜻 무성의해 보이지만 핵심을 꿰뚫고 짧지만 가볍지 않은 대답을 안고 사는 사람이고 싶다. 당신이 가장 경멸하는 인간은 누구입니까? 인터뷰어로서 나라면 던지지 못할 질문인데(경멸은 너무 매운 단어다) 때로 저런 훌륭한 답을 얻어낸다면, 그래서 우리가 인간다움에 대해 환기할 수 있다면 해볼 만하다. "사람들을 경멸하면 안 된다고 생각합니다. 대신, 어째서 그렇게 행동하는지 그 까닭을 이해하려고 노력해야 합니다." 브레송의 이 말은 작가의 태도이자 작가가 하는 일인 '타인의 입장과 처지가 되어보는 일'(아모스 오즈)의 시작이자 끝, 즉 전부라고 할

---

* 앙리 카르티에 브레송, 『앙리 카르티에 브레송과의 대화』, 클레망 셰루 외 엮음, 정재곤 옮김, 열화당, 2019.

수 있다.

또 탐나는 질문과 대답이 있다.

신이 존재하거나 존재하지 않는다는 것을 언젠가는 확신할 수 있을까요?

아닙니다. 전혀 그렇지 않습니다. 그것은 질문이 되지 않기 때문이지요. 저는 그 질문에 조금도 흥미가 없습니다. 언제나 원점으로 돌아가기 때문이지요. 종교에서는 그렇게 말하고 있으므로 만약 신이 있다면, 그것은 당연히 우리가 확인할 수 없는 유일한 존재, 즉 확인의 문제가 아니라, 인식의 문제를 벗어난 유일한 존재라는 것입니다.*

철학자 장-뤽 낭시가 『신 정의 사랑 아름다움』에 나오는 대목이다. 언제나 원점으로 돌아가게 하는 질문은 닫힌 질문이라는 점에서 나쁜 질문이라는 깨우침을 얻었다. 인터뷰어로서 그런 질문이 무엇이 있을까. 천상의 영역에서 일상의 맥락으로 내려와 생각해보면, '다이어트하기가 어려운가요?'는

---

* 장-뤽 낭시, 『신 정의 사랑 아름다움』, 이영선 옮김, 갈무리, 2012.

답변이 예, 아니요로 돌아온다는 점에서 닫힌 질문이다. '왜 살을 빼야 한다고 생각하시나요?'는 고정관념을 흔들 수 있다는 점에서 열린 질문이다. '책 쓰기가 힘드셨나요?'는 닫힌 질문이고 '책을 내고 얻고 싶은 게 무엇이었나요?'는 열린 질문이다.

듣는 일의 윤리

> 그림자를 말하는 이, 진실을 말하는 것.
>
> — 파울 첼란, 「그대도 말하라」에서

"나는 쌤이 돈 많이 벌었으면 좋겠어요."

같이 밥을 먹던 동료가 뜬금없이 말했다. 갑자기 왜 그런 말을 하느냐고 물었거니, 사회적 약자들의 이야기를 글로 쓰는 건 중요하다며 세상에 필요한 작업을 하는데 그런 작가들일수록 돈을 많이 벌어야 한다는 거다. 그러면서 덧붙였다. "미드 같은 걸 보면 논픽션 작가가 큰 집에서 큰 차를 모는 게 나오더라고요. 우리도 그러지 말란 법 있나요."

나는 미드를 보지 못해서 거기에 나온 작가가 도대체 어떤 글을 써서 어떻게 부를 축적하고 누리며 사는지 상상이 안 갔지만 곧바로 드는 생각은 이랬다. 그건 좀 이상한 거 같은데…. 한국에서는 르포르타주가 비주류 장르이고 독자층이 두텁지 않다. 판매 사이즈 자체가 작다 보니 작가도 수입을 올리기 어려운 구조다. 물론 내 동료의 말은 그런 현실이 개선되어 르포 작가들의 노동이 사회적으로 인정받고 합당한 대우를 받길 바라는 마음을 담고 있지만, 나는 근본적으로는 사회적 약자의 이야기를 글로 쓰는 일이 갖는 의미를 생각해보게 됐다. 르포는 약자의 불행을 전시하는 게 아니라 약자를 양산하는 사회의 구조적 불평등과 부조리를 밝혀내는 작업이다. 약자의 현실은 변하기가 어렵고 그대로인데, 그걸 글로 쓴 사람이 부를 누린다면 내용과 형식의 배반이 아닌가 싶은 거다. 세상의 불합리함을 구석구석 파헤치는 사람이 그런 불합리한 세상에서 큰 집에 큰 차를 모는 기득권으로 산다는 건 자연스럽지가 않고, 자연스럽지 않은 것은 아름답지 않다.(나아가 왜 꼭 모두가 '부자'가 되어야 하는가에 대해서는 국민 토론을 하고 싶다.)

계급적 처지가 비슷해야 좋은 인터뷰가 나온다는 뜻이 아니다. 인터뷰이와 인터뷰어의 거리는 '불가근불가원'에 입각해 너무 가깝지도 너무 멀지도 않아야 좋다고 생각한다. 가까워서 다 안다고 단정 짓기도 하고, 멀어서 겉도는 대화로 그치기도 쉽다. 중요한 건 인터뷰이와 거리를 인식하고 다가가거나 멀리할 수 있는 탄력적인 자세, 인터뷰어의 유연함이다.

소위 '사회적 약자'로 일컬어지는 분들을 만날 때는 인격과 상태를 분리해서 봐야 한다. 성폭력피해 생존자거나 미등록 이주아동이거나 산재피해 유가족은 인생에서 하나의 국면, 하나의 상태를 일컫는 명명이다. 그래서 인터뷰 장소에는 사회적 약자가 걸어오는 게 아니라 한 사람이 자기 고통의 보따리를 안고 입장한다. 사실 그 보따리가 없는 사람은 없다. 비비언 고닉이 말했듯이 "많은 사람들은 결코 이길 수 없는 내면의 싸움을, 오직 죽음에 의해서만 결론이 나는 전쟁을 하며 삶을 보낸다"*.

    내가 만난 인터뷰이들은 자신과 같은 고통이 없기를 바라는 마음으로, 더 살기 좋은 세상을 만드는 일에 자기 고통이 거름으로 쓰이길 바라는 마음으로 공적 말하기를 결심한 큰 사람들이다. 그러니까 그들은 사회적 약자이면서 동시에 이타심으로 무장한 사회적 강자다. 남들에게 나눠줄 지혜를 가진 경험 부자다. 나는 목격자이자 전달자 역할을 맡은 직업인으로서 그의 이야기를 잘 듣고 잘 쓰는 임무를 수행한다. 그에 따른 노동의 대가로 어느 정도의 급여가 적절한가는 다른 작업에 종사하는 임금노동자들이 그러하듯 내게도 중요한 이슈다. 그렇

---

  * 비비언 고닉, 『아무도 지켜보지 않지만 모두가 공연을 한다』, 서제인 옮김, 바다출판사, 2022.

지만 대박 나는 사람도 쪽박 차는 사람도 없는 사회가 좋은 사회라고 생각하는 나는 둘 다 원치 않는다. 큰 차는 필요 없고 취재 마치고 돌아오는 길, 너무 피곤할 때 택시를 턱턱 잡아 탈 수 있는, 일반택시가 안 잡혀서 블루택시를 잡을 때 3천 원 때문에 인생 중대 결단을 내리는 사람처럼 눈썹 모으고 고민하지 않을 수 있을 정도의 재력만 유지되면 참 좋을 거 같다.

『남자들의 방』이라는 책을 읽다가 비슷한 고민을 하는 동지를 만났다. 이 책은 제목처럼 룸살롱, 단톡방, n번방 같은 '남자들의 방'과 그 방들에서 벌어진 여성 혐오의 사례를 분석한 연구서다. 저자 황유나는 반성매매운동 활동가이며 연구자인데, 책 작업을 하면서 "유흥업소 종사자를 인터뷰하는 것은 복잡한 마음을 불러일으켰다"[*]며 이렇게 쓴다.

> 성매매 피해 지원 상담소 활동가로서 상담 사례를 분석하고 글도 써봤지만, 논문을 쓰기 위해 인터뷰를 제안하려니 매우 조심스러워졌다. 내가 당사자의 경험을 이용해서 석사 학위라는 이익을 얻

---

[*] 황유나, 『남자들의 방』, 오월의 봄, 2022.

는 것 같은 찝찝함? 굳이 떠올리고 싶지 않은 경험을 내가 헤집어놓는 것이면 어떡하지? 인터뷰가 여성들에게 어떤 경험으로 남을까? 나뿐만 아니라 현장 활동을 바탕으로 논문을 쓰는 다른 대학원 동기들 역시 오랫동안 이 질문을 붙들어야 했다. 우리는 이와 같은 질문에 쉽게 답하기 어려웠다. 우리는 우리를 목격자로 위치시키고자 했다. 우연히 목격하게 된 고통을 목격하며 서로 연결되었으니 내가 목격한 장면을 공공의 장소로 이동시키는 과정으로 글쓰기의 의미를 찾으려 노력했다. 당사자의 경험으로부터 배운다는 마음을 깊이 새기며 인터뷰를 준비하고 여성들과 만났다.*

내가 목격한 장면을 공공의 장소로 이동시키는 글쓰기. 사회적 약자를 만날 때 가져야 할 마음을 잘 요약한 표현이다. 나도 『알지 못하는 아이의 죽음』을 쓸 때 서문에서 도나 해러웨이의 말을 빌려 '겸손한 목격자'라고 스스로 나의 위치성을 정리했었다. 목격자가 된다는 건 멋진 일이다. 인터뷰이의 말이 몸에 스미고 깃들어 궁극적으로 내가 변하니

* 같은 책.

까.(영화 〈타인의 삶〉을 생각해보라!) 그리고 나를 변화시켜주는 사람을 만나는 건 인생에서 누구나 누리기 어려운 선택받은 축복이다. 그래서 '경험의 이동' 작업은 무척 짜릿하다고 말하겠다. '부의 축적'에 대한 환상을 잊을 만큼.

인터뷰 중 깜빡이를 켤 때

> 풀릴 수 없는 것, 그걸 누가 풀까?
> 사랑하는 이들이 서로 다시 만나며 풀지.
>
> — 요한 볼프강 폰 괴테, 「교과서」에서

　대략 1년 만에 후배를 만나 안부 타임을 가졌다. 우린 서로 그간 있었던 굵직한 사건과 신변의 변화를 공유했다. 후배가 말했다. 인스타그램만 보면 은유가 세상에서 제일 행복해 보이는데 힘들었겠다고. 그래서 나는 말했다. "말도 마, 나 살아온 얘기 쓰면 책으로 열 권이야…."(현재까지 산문집은 세 권 냈다.)

　내 나이 어느덧 '어르신'을 향해 근접하고 있다 보니 '책으로 열 권'이 의미하는 바가 조금씩 와닿는다. 나이와 사연이 꼭 비례하는 건 아니지만 친구들을 봐도 그렇고 대체로 마흔을 넘어가면 사연의 양이 늘어나고 내용이 복잡해진다. 과거와 과거가 섞이고 관계와 관계가 엉킨다. 1년 치 삶을 말하려고 해도 '요점만 간단히'가 어려운데 최소 수십 년 산 인물의 생의 서사를 아우르는 인터뷰를 해야 할 때는 오죽하랴.

　김주휘 님은 투쟁하는 노동자들이나 유가족에

게 밥을 차려주는 우리밥연대 활동가다. 그의 아름다움 포인트는 '싸우는 사람이라고 해서 아무렇게나 먹어선 안 된다'는 소신이다. 그냥 일회용기에 국밥을 담고 수저 꽂아 한 끼 해결하는 식사가 아니라 밥과 찬을 고루 갖춘 제대로 된 밥을 동지들에게 대접한다. 거리에 있는 사람일수록 에너지 소모가 많고 건강이 상하기 쉬우니까 대충 먹어서는 안 된다고 말했다. 이와 같이 정성스러운 밥 연대 활동을 후원금으로 운영하는 게 아니라 오직 자원봉사로, 그러니까 자기 돈과 시간을 들여서 뜻 맞는 동료들과 10년 넘게 실천하고 있다. 비결은 무엇일까.

먼저 나는 왜 그리도 밥상의 격식을 중요시하게 됐는지 물어봤다. 그랬더니 아버지가 딸인 자신에게 어릴 때부터 평생 얼마나 정성을 다해 밥을 차려주었는지에 대해 설명했다. 대한민국 가부장제에서 드물고 귀한 아버지의 밥상에 나도 감동했다. 또 그는 잘나가는 학원 강사로 일하다가 그만두고 돈벌이가 안 되는 연대 활동에 뛰어들었는데, 사회문제에 관심을 놓지 않고 이토록 오랜 시간 헌신할 수 있는 동력이 무엇인지 물었다. 그랬더니 중2 때 성당에서 만난 '빨갱이' 신부님 이야기부터 들려주었다. 광명에 살다 곡성으로 갔다가 지금은 통영에 있는데 이사를 간 사정을 말하려니 또 자녀의 성장 과정부터 풀어내야 했다.

그는 학원 강사 출신답게 조리 있는 말솜씨를 자랑했다. 하도 얘기를 맛깔나게 풀어내서 나는 점점 빠져들었다. 정신을 차리고 보니 한 시간이 흘렀는데 질문은 고작 세 개 진행한 게 전부였다. 큰일이었다. 인터뷰를 마치고 그는 통영으로 내려가야 했으니 더욱. 그래서 나는 "어, 잠시만요" 하고 손을 든 다음 깜빡이를 넣고 그의 말에 끼어들었다. "너무 재밌게 말씀해주셔서 다 듣고 싶은데요. 준비한 다른 질문이 남아 있어서요, 조금만 줄여서 말씀해주시겠어요." 그렇게 말한 덕분에 그렇게 말하지 않았으면 놓쳤을 다른 이야기도 상세하고 풍부하게 들을 수 있었다.

모든 일에는 이유가 있다. 또 개인은 사회적 관계의 구성물이다. 그러니 하나의 사건을 설명하려고 해도 말이 길어지는 건 필연적이다. 나도 처음엔 남의 말을 자르는 일이 두려웠다. 상대가 무안할까 봐, 반대로 말의 흐름이 끊겨버릴까 봐 입술만 달싹거렸다. 그런데 남은 질문이 많으면 마음이 초조해져서 상대의 말이 잘 들리지 않는다. 인터뷰이 말을 끊는 게 실례가 아니라 인터뷰이의 풍부한 이야기를 듣지 못하는 게 결례라고 생각하면 용기가 난다. 그리고 다음 질문으로 넘어가자고 했을 때 불쾌해하는 인터뷰이는 없었다. 외려 시간의 제한이 대화의 밀도를 높여주기도 하는 걸 경험하며 배웠다. 인터뷰의 기술은 시간 안배의 기술이다.

박술 한국문학번역가는 고등학교 때 독일로 유학을 가서 현재 독일의 대학에서 교수로 일한다. 인터뷰할 즈음 돌쟁이 아기 육아에 한창이었다. 육아를 하다 보니 삶이 다르게 보이고 책도 다르게 보인다고 했다. 그래서 칸트같이 비혼 철학자들 글을 읽으면 '너네가 아이도 안 낳아봤는데 인생을 알아' 하는 생각이 든다며 웃었다. 나도 같이 웃었다. 예전부터 내심 생각했지만 내뱉지 못한 말이라서 그의 말을 들으니 속이 시원했다. 그런데 아무리 그래도 경험 우월주의는 경계해야 하기에, 나는 "육아 꼰대 되시면 곤란하다"고 은근슬쩍 말했다.

그는 또 글 쓰는 아빠답게 육아 단상을 기록하고 있었는데 그 이야기를 듣는 나의 마음은 복잡했다. 젊은 철학자의 육아서가 무척 반갑고 신선하겠다 싶으면서도, 한편 아직까지 양육자의 대부분은 여성인데 성능 좋은 '언어와 지식'을 장착한 철학자

아빠의 육아 이야기가 세상으로 나오면 왠지 억울할 거 같았다. 일은 여자가 하고 책은 왜 맨날 남자가 내나, 하는 속마음을 곧장 티내지는 않았다. 아직 책을 쓴 것도 아니고 그의 자연스러운 욕구에 찬물을 끼얹고 싶진 않았다. 나중에 인터뷰 원고에다 차분하게 표현했다.

"나는 이 고통스럽고 아름다운 돌봄의 세계에 남성도 속속 편입되어야 한다고 믿지만 이마저도 남성의 언어가 파급력을 갖고 공론화된다면 화가 날 것 같다. 그럼에도 아이라는 비언어적 존재에 푹 빠진 그가 '칸트, 애 키워봤어?'라는 제목으로 육아서를 쓴다면 어떤 내용인지 상상해보는 건 즐겁다"라고.

인터뷰를 하다가 인터뷰이가 내 의견이나 가치관과 크게 다를 경우 어떻게 하느냐는 질문을 종종 받는다. 가령 인터뷰이가 보수 정권의 대통령 지지 발언을 하면? 하고 묻는 독자가 있었다. 나는 그럴 염려가 없다고 답했다. 인터뷰가 실리는 매체를 통해 인터뷰이는 일차적으로 걸러진다. 그래서 그런 인물은 의뢰가 오지도 않지단 오더라도 내가 수락하지 않을 거라고 얘기했다. 좋아하는 사람, 궁금한 사람을 인터뷰하기에도 부족한 인생인데 그런 분들까지 들이기엔 내 품이 너무 좁다고.

    어느 정도 검증된 인터뷰이를 만나더라도 그의 말을 듣다 보면 이따금 '갸웃'하는 지점이나 걸리는 말들이 있게 마련이다. 그럴 땐 위의 경우처럼 솔직하게 터놓거나 왜 그런지 당신의 생각을 더 듣고 싶다고 말하는 편이다. 나도 나와 자주 불화한다. 그러니 100퍼센트 생각이 일치하는 타인은 있을 수 없고 있다고 해도 만날 이유가 없다. 그럴 바에야 거울 보고 이야기하면 될 테니까. 인터뷰가 성립하는 건 서로가 다르기 때문일 것이다. 그렇다고 위험하고 공격적인 차이를 직면할 용기는 아직 없으나 두 존재가 닿았다가 멀어졌다 하는 말들을 좇으며 다정하고 안전하게 차이를 확인하는 것이 나는 즐겁다.

인터뷰를 다시 하라고요?

> 사랑을 가지고 접근할 때,
> 그럴 경우에만 황야의 단조로운 빈약함 속에
> 얼마나 많은 은밀한 매력이 깃들어 있는지
> 알아볼 수 있다.
>
> — 슈테판 츠바이크, 『수많은 운명의 집』에서

"안녕하세요. 은유입니다. 잘 지내셨는지요. 다름 아니라, 제가 인터뷰를 정리하다 보니 조금 더 듣고 싶은 이야기가 생겨서요. 혹시 한 시간 정도 내어주실 수 있을까요? 계신 곳으로 가겠습니다."

인터뷰를 마치고 일주일 후 서랍 속에서 명함을 찾아 인터뷰이에게 문자메시지를 드렸다. 그가 흔쾌히 응했고 나는 안도의 숨을 쉬었다. 다시 만나자고 한 이유는 물어볼 걸 못 물어봐서다. 왜 못 물어봤느냐 하면 물어볼 타이밍을 놓쳐서였다. 왜 놓쳤는가 곰곰이 생각해보았는데 뭘 물어봐야 할지 몰랐던 거 같다. 이게 무슨 말인가 하면…. 그냥 이 모르겠음이 인터뷰를 마친 나의 상태였다.

보통은 "오늘 인터뷰는 여기까지 하겠습니다"라고 말하며 의자에서 엉덩이를 떼는 순간 내 마음에 노란색 감정 이모티콘이 뜬다. 인터뷰에서 유난히 웃을 일이 많았을 때는 눈이 까만 점이 되고 입은 반달이 된 얼굴, 가슴 아픈 사연이 나왔을 때는 하늘색 눈물 두 줄기가 팬 얼굴, 심각한 주제를 다루었을 때는 눈 주위가 까맣게 된 얼굴 등등. 그런데 그를 만난 날은 눈동자가 이마 쪽으로 올라간 혼란스러운 얼굴이 됐다.

이기중 님은 진보정당 구의원 출신 젊은 정치인이고 배달노동자로 일하고 있다. 같은 대학을 다른 전공으로 두 번 다녔고, 10년 전 딴 노무사 자격증으로 이제 막 노무법인에 적을 두고 있었다. 직업도 두 개니 이력이 독특한 편이었다. 사실 만나기 전엔 편견을 가지고 있었다. 정치했던 사람이니까 모든 사안에 일사천리로 매끈한 말을 쏟아낼지도 모른다는 우려. 인터뷰는 받아쓰기가 아니라서 너무 빈틈없이 정돈된 생각을 피력하는 사람은 인간적으로는 멋져보여도 인터뷰이로서는 매력이 덜하다. 그런데 그는 내 예상을 비켜갔다. 달변도 그렇다고 눌변도 아니었다. 말의 양이 적지도 많지도 않았으며 단답형도 만연체도 아니었다. 무엇보다 가식과 허세가 없었고 무척이나 진솔했다. 인터뷰 도중 이런 말을 했다.

"나이 사십 먹어도 인생이 재밌는 사람 있나

요? 궁금할 때가 있어요. 새로운 건 넷플릭스밖에 없고 뭘 봐도 예전에 겪었던 것과 비슷하고, 일은 돈을 버는 수단인 느낌이죠."

순간 그가 모노드라마 배우처럼 보였다. 개인적인 감정이지만 보편적인 정서에 이르는 말, 듣는 순간 '이 대사를 살려야 한다'는 신호가 왔다. 그런데 인터뷰 흐름이 정치하다가 망하고 '배달노동이나' 하며 신세 한탄하는 사람으로 흘러가면 안 되었다. 내가 느낀 그는 그런 사람이 아니었기 때문이다. 이대로 원고를 쓰려면 쓰겠지만, 못 쓸 것도 없겠지만, 그러고 싶지 않았다. 글쓰기는 삶에 대한 옹호. 그런데 대상에 대한 이해가 충분치 못하면 옹호의 글쓰기가 불가능하다. 그래서 두 번째 인터뷰를 시도했다. 단행본 작업이 아니고, 30매짜리 단발성 기사를 쓰면서 전화로 추가 취재는 해봤지만 대면으로 하는 재인터뷰는 처음이었다.

대략 열 가지로 추린 2차 질문지를 들고 나갔다. 궁금증 목록에는 '힘들 때 누가 힘이 되는지' '미안한 사람이 누구인지' 같은 소소한 앙케트 같은 질문도 넣었다. 그는 위로가 되는 사람은 같이 활동하는 정당 사람들, 미안한 사람도 그들이라고 했다.

도망치듯 자신이 나와버린 거 같은 죄책감이 든다고. 나는 낙담하지 마시라는 뉘앙스로 긍정 한 스푼 넣어 말했다.

"사람 일은 모르잖아요. 나중에 다시 정치하시고 저도 쓰는 일을 계속 하고 있으면 그때 다시 인터뷰해요."

말해놓고 나니 너무 나갔나 싶어서 혼자 머쓱했다. 모두가 (나와의) 인터뷰를 원하는 건 아니니까. 말 나온 김에 그에게 그때 첫 인터뷰 하시고 어떠셨는지 물었더니, 기다렸다는 듯이 답이 돌아왔다.

"오늘의 인터뷰를 도대체 어떻게 쓰시려고 하는 걸까라는 생각이 들었죠. 이 코너가 원래 '먹고사는 일'이잖아요. 보통은 자기의 노동에 대한 얘기를 하는데 저는 막 이런저런 게 짬뽕이 돼서 저라는 사람에 대해 관심이 있으면 좀 흥미롭게 볼 수도 있겠지만 이런저런 얘기가 섞여 있어서 그거를 어떻게 풀어내시려고 하는 걸까."

어머, 웬일인가. 그도 걱정을 하고 있었다. 갑자기 고해성사 무드가 조성됐다. 나는 지난 인터뷰에서 느낀 당혹감을 고백했다.(믿으면 다 말하는 사람이 나다.) 사실 그날 인터뷰에서 꽤나 솔직한 대화가 오갔음에도 뭔가 감이 잡히지 않았던 거 같다고.

그러자 그가 중요한 단서를 제공해주었다.

"사실 그런 게 되게 어렵더라고요. 자기 철학 이런 거 있잖아요. 그냥 정치적인 문제에 대해서는 나름 분명하게 얘기할 수 있을 것 같은데, 삶의 자세라든가 그런 것들은 잘 모르겠어요. (…) 저에게 어떤 일이 있었다, 이런 거는 말할 수 있는데 제 생각이라든가 의지를 물어보면 되게 고민하게 돼요. 평소에 그런 생각을 잘 안 하다 보니까. 그래서 저는 정치할 때도 정치를 왜 하냐는 질문이 제일 어려웠어요. 이래서 진보정치가 필요하다에 대해서는 말해도, 그럼 너는 왜 진보정치를 하냐라고 물어보면 거기서부터는 말하는 게 어려워요."

아, 그랬구나. 나를 주어로 놓고 자기 소신을 펴는 말하기 방식이 어색한 사람, 추상화된 언어의 성채를 딱히 구축해놓지 않고 사는 사람. 그는 말의 인플레가 없는 유형의 인물이었다. 비로소 눈앞의 캐릭터에 색감이 스르륵 입혀지는 기분이었다. 위로 올라갔던 나의 눈동자는 중간으로 돌아왔다. 안도하는 와중에도 나는 그가 했던 말에서 인터뷰에 써먹을 걸 놓치지 않고 물어보았다.

"아까 말씀하신 것 중에, 그럼 진보정치가 왜 필요한 건지는 말할 수 있다고 했잖아요. 그거 말해주세요."

그가 정견을 밝혔다.

"한국사회의 양당 정치 체제에서 다루어지지 않는 노동, 복지, 차별, 기후 같은 의제를 풀어내기 위해 진보정치는 반드시 필요하죠. 그래서 저도 사회적으로 의미 있는 일을 하고 싶어서 진보정치를 택했지만 선거에서 당선되지 못한 상태로 지역에서 이런저런 운동을 하는 게 쳇바퀴를 도는 것 같았어요. 그런 시간이 길어지다 보니 지쳐갔고요."

듣는 동시에 내 머릿속의 원고지가 메워지고 있었다. 인터뷰를 하다 보면 '이 말은 살려야지' 하는 대목에선 몸이 반응한다. 만화에서처럼 귀가 두 배 세 배 커지는 느낌이랄까. 저 말을 담고 싶은 이유는 독자들이 인터뷰를 읽으면서 진보정치의 필요성에 대해 한번 생각해보고, 이상적인 가치를 현실에서 구현하는 일의 어려움에 대해 공감하길 바라서다. 진보정당 정치인 인터뷰에서만 다룰 수 있는 고유한 내용이라고 판단했다.

나는 인터뷰 윤곽이 잡히고 나자 신나서, 하지만 약속한 한 시간이 거의 다 되어가니 조급한 마음에 빠르게 물었다. "이번이 마지막 질문인데요" 그러고도 "정말 마지막"을 "진짜 마지막"으로 갱신하며 더 챙겨 묻고 "이게 진짜, 정말 마지막입니다"라는 약속을 지키며 마무리했다. 그러고 나니 흡족했다. 하나의 화두에서 소용돌이처럼 맴돌며 깊어지는 대화. 인터뷰에서는 이 소용돌이 구간이 생명이다. 생명을 불어넣어준 고마운 인터뷰이와 함께 카페를 나와 초록불로 바뀐 횡단보도를 건너고 목례를 나눈 뒤 각자의 길로 멀어지며 나는 나에게 승인 신호를 보냈다. 재인터뷰 임무 완수. 이제는 원고 쓸 수 있음.

어떤 반성문

> 요즘은 제대로 들을 줄 아는 사람도 드물지만
> 제대로 보는 사람도 드물거든요.
> 대부분의 사람들이 개념을 통해 생각하니까요.
>
> — 앙리 카르티에 브레송

 이번엔 실수담이다.

 한국문학번역가 호영은 중학생 때 미국으로 유학을 떠나 대학까지 마치고 들어와 웹툰 전문 플랫폼 회사에 다니고 있었다. 인터뷰집 『우리는 순수한 것을 생각했다』에 들어갈 일곱 명 중 유일하게 한국에서 직장을 다니는 번역가로서 그의 위치는 고유했다. 그래서 편집부와 사전 회의를 할 때 '낮에는 웹툰을 번역하고 밤에는 시를 번역하는 직장인' 콘셉트에 집중해 호영의 이야기를 담아내기로 했다.

 인터뷰 날, 연남동에 있는 동네책방 리스본&포르투 앞에서 호영을 만났다. 그는 커트머리에 흰 면티셔츠와 일자핏 청바지를 입고 검정 배낭을 멘 모습으로 나타났다. 여백이 많은 깨끗한 차림은 소년미를 부각시켰고 어쩐지 카리스마 있게 다가왔다. 고백하자면 인터뷰를 준비하는 과정에서 내가 상상한 호영의 모습과는 달랐다. 아마도 나는 유학파 출신의 잘나가는 커리어우먼(실제로 직함이 미주지부 콘텐츠 부장이었다), 그러니까 지하철에서 보는 구찌백 툭 메고 다니는 젊고 도도한 직장 여성 이미지에 갇혀 있었던 거 같다. 실제의 모습에 놀란 걸 보면. 나의 속되고 편협한 상상력이 들통나 남몰래 부끄러웠다. 하지만 짐짓 아무렇지 않은 척 인터뷰 자리로 향했다. 서점 대표님이 고객에게는 개방하지 않는 서점 2층을 내어주셨는데, 가보지도 않은 리스본을 재현한 게 아닐까 싶게 공간 무드가 이국적이었다. 열어젖힌 양쪽 창문으로는 새파란 하늘과 싱그러운 여름 아침의 공기가 들어왔다. 여행가서 숙소의 창밖으로 보이는 경치가 끝내줬을 때처럼 탄성이 새어 나왔다. 그렇지만 나는 놀러 오지 않았기에 들뜬 마음을 누르고 착석 후 의젓하게 말문을 열었다. 질문지를 손에 쥔 채 평소와 달리 브리핑하는 사람처럼.

"한영 번역가가 여러 분인데요, 호영 님은 웹툰이랑 시 번역을 같이 하는, 어떻게 보면, 가장 상업적인 장르와 또 상업적이기 어려운 시 번역을 병행하는 이야기를 풀어내면 좋을 것 같고요. 그리고 젊은 여성 직업인으로서"

딱 여기까지 말했을 때, 호영이 말을 막았다.

"정정하고 싶어요. 여성은 아니에요."

잠시 침묵. 그제야 모든 상황이 빠르게 정리가 되었다. 나는 천년의 진심을 담아 말했다.

"죄송합니다."

"제가 어디 특별히 밝혀놓은 건 아니라서요."

"그죠. 맞아요, 죄송합니다."

나는 눈동자를 떨구어 눈에 잘 들어오지 않는 질문지 활자를 훑다가 고개를 들고 작아지려는 음량을 끌어올려서 말을 이었다.

"그러니까, 음, 직업인으로서의 번역가, 젊은 직업인으로 생계를 이끌어가는 이야기를 중심으로 나눠보면 좋겠습니다."

실수를 저질렀기에 순간 머리가 어질했지만 그가 즉시 정정해주어 바로 사과를 할 수 있었으니 다행이었다. 소개팅 나가서 만나자마자 우당탕탕 시원하게 물 한 잔 쏟고 시작한 느낌이랄까. 인터뷰 중간에 호영은 호르몬 치료 중인 이야기를 들려주었다. 나도 평소 영화나 책에서 본 '트랜스젠더의 삶'에 대해 소심하게 아는 척을 해가며, 초반부터 허술한 젠더 감수성이 들통 나는 바람에 실추된 신뢰를 만회해보려고 은근히 애를 썼다.

이날 인터뷰를 시작하자마자 일어난 해프닝은 원고 초반에 그대로 살려서 넣었다. 왜냐면 사회적으로 공유할 만한 경험이라는 판단이 들어서다(글쓰기는 실패 체험 나누기). 나를 비롯해 우리는 타인을 여성 혹은 남성으로 쉽게 규정한다. 외모만 보고 남자, 여자로 단정 짓는 이분법적 문화적 습성이 얼마나 질긴지 모른다. 나는 사람에 대한 호기심이 왕성한 편이라서, 또 다양한 성적 지향을 가진 동료를 만나는 환경에 노출된 일을 하는 르포 작가이자 글쓰기 강사이기도 해서 트랜스젠더에 관한 책을 꾸준하게 읽어왔고 영화도 접했지만, 그런 사전 학습이 현장에선 아무짝에 쓸모가 없었다. 이론은 이론일 뿐. 앎은 부끄러움을 통해서만 내 것이 된다.

니체도 말했다. 인식에 이르는 길에서 그 많은 부끄러움을 극복할 수 없다면 인식의 매력은 적을 것이라고. 이렇게 실수하며 알아가는 진실은 그 자체로 귀중한 메시지이므로, 독자에게 생생하게 전달되길 바랐다. 누군가 나에 대해 섣부르게 재단하거나 틀리게 말할 때 입을 꾹 다물고 속을 끓이기보다 바로 즉시 사실 관계를 정정하고 자기 입장을 밝히는 용기 어린 태도도 호영에게 배웠다(인터뷰는 인생 수업).

시는 한국어로 읽어도 어려운데 그걸 영어로 번역하려면 너무 어려울 것 같다는 나의 말에 호영은 무심한 듯 이렇게 말했다. "우리가 소통할 때 오해를 감수하고 말하는 것처럼 시 번역도 사람이 할 수 있는 아름다운 일 중에 하나가 아닐까요." 그날 인터뷰가 내게도 그랬다. 오해받을 것이 두려워 아무것도 하지 않으면 번역도 없고 소통도 없다. 오해가 이해로 확장될 기회도 사라진다. 그래서 호영의 인터뷰 글 제목은 '즐거운 오해'가 되었다.

인터뷰하는 마음

우리는 불안 때문에 방법을 갈망하게 되었는데, 사실 상황이 요구한 것은 실제로 벌어지고 있는 것(대화의 진정한 에너지)에 대한 매 순간의 대응성이었다. (…) 계획이 있으면 우리는 생각을 중단하게 된다. 그냥 이행만 할 수 있을 뿐이다. 하지만 대화는 그런 식으로 이루어지지 않으며, 예술 작품도 마찬가지다. 의도를 가지고, 그런 다음 그것을 이행하는 것으로는 좋은 예술이 되지 않는다.*

조지 손더스가 쓴 『작가는 어떻게 읽는가』에서 만난 반가운 문장이다. 나는 글을 쓸 때 개요를 짜놓고 시작하지 않는다. 탄탄한 구조를 설계하는 건축가적 글쓰기가 아니라 반짝이는 생각 하나를 붙들고 시작하는 별자리적 글쓰기를 선호한다는 이야기를 이미 글쓰기 책들에 터놓았다.(자세한 내용이 궁금하시면 '구매'와 좋아요.) 그런데 별자리적 글쓰기는 결론이 어떻게 날지 모른다는 점에서 망할 위험이 높다. 하지만 발견의 기쁨을 준다. 글을 쓰는 동안 나도 몰랐던 내 생각을 발굴하는 놀라움,

---

* 조지 손더스, 『작가는 어떻게 읽는가』, 정영목 옮김, 어크로스, 2023.

애매한 감정이 선명해지는 쾌감, 그런 감정이 나를 계속 쓰게 한다. 그래서 "작가는 일을 시작하면서 뭘 할지 모르는 사람"*이라는 도널드 바셀미의 말에 동의한다.

인터뷰에서는 질문지가 구조 설계도 역할을 한다. 마음 같아선 어디로 갈지 모르는 '별자리식' 인터뷰를 하고 싶지만 시도하지 않는 이유는 개인 작업이 아니라서다. 산문이나 칼럼은 칭찬도 비난도 나에게 귀속되는 오롯이 일인분의 작업인데, 인터뷰는 두 사람의 이름을 걸고 하는 이인분의 작업이다. 나의 모험에 타인의 명예를 재물로 삼을 수 없으므로 안전한 방법을 택하고 있다.

그러다가 단행본 작업에서 한 인터뷰이를 여러 번 만날 때면 '별자리식 인터뷰'를 시도해본다. 첫 번째 인터뷰에서 중요한 이야기는 어느 정도 해놓았으므로 두 번째 인터뷰는 별다른 준비 없이 꼬리에 꼬리를 무는 수다를 편하게 해보자며 나가는 것이다. 그때 기분은 어릴 때 숙제 다 해놓고 친구랑 노는 홀가분함과 비슷하다. 발걸음이 가볍다.

* 같은 책.

허진이 님은 경주에 사는 인터뷰이다. 그가 서울 오는 날에 맞추어 성수동에서 첫 만남을 가졌다. 두 번째 인터뷰는 내가 그의 거주지로 갔다. 울산의 동네책방 '자크르'에서 예정된 북토크를 하기 전에 만나는 일정을 잡았다. 약속한 카페에 도착하자 미리 온 그가 노트북을 켜놓고 일을 하고 있었다. "진이 님~" 하고 인사를 하니 고개를 드는데 머리카락 한 올 흐트러짐 없는 단아한 차림과 한결 여유로운 표정이 눈에 들어왔다. 편안해 보이는 그의 모습에 나도 덩달아 마음이 놓였다. 이것이 홈그라운드 인터뷰의 이점이렷다. 예감이 좋았다. 기다리는 동안 무슨 일을 하고 있었는지 묻자 그는 자립청년 이야기로 6주마다 신문에 칼럼을 쓰고 있는데 연재 주기가 너무 자주 돌아오고 갈수록 글쓰기가 어렵다며 고충을 토로했다. 그런 괴로움이라면 내가 경력직이므로 자연스레 '글쓰기'라는 공통의 관심사에 대해 가볍게 식전 요리 같은 대화를 나눴다. 그리고 나는 가장 궁금한 것을 물어보았다.

"그날 인터뷰하고 어땠어요?"

"진짜 솔직한 마음은 되게 죄책감이 들었어요."

예상치 못한 단어였다. 죄책감이라니. 왜 무슨 죄책감일까. 그가 이어 말했다.

"저는 제 이야기를 막 쏟아냈을 때 어떤 즐거움과 통쾌함이 있지만 남이 이걸 다 들어주는 건 있을 수 없는 일이라고 생각해요. 누군가 내 이야기를 한없이 다 들어준다는 게 저한테는 익숙한 일도 아니고, 이런 일이 있을 수 있을까? 그래서 한없이 들어줬던 작가님한테 괜히 막 죄송스럽고, 저도 신나게 얘기했지만 너무 과했나? 스스로 계속 생각했는데, 결과적으로는 그래도 은유 작가님이니까. 은유 작가님이니까 괜찮을 거야, 그랬죠."

뜻밖의 대답을 듣고 나는 손사래를 치며 말했다. 무슨 소리냐고, 인터뷰할 때 인터뷰이의 말수가 적으면 제일 난처하다고, 말을 많이 해줘야 좋다는 말로 그를 안심시켰다. 그러고는 책 모임에서 무슨 책을 읽는지 이야기했다가 아이 키우는 이야기도 했다가 친한 친구 이야기도 나눴다. 두 시간이 훌쩍 지났고 커피 잔도 말끔히 비웠다. 물을 한잔 떠다가 마른 목을 축이고 나는 책에 들어갈 내용은 아니지만 인터뷰하면서 들었던 다듬어지지 않는 생각과 고민을 터놓았다.

예전에 간첩조작사건피해자 어르신들 인터뷰를 할 때부터 든 생각이다. 내가 만난 분들은 이미 인터뷰한 경험이 많았다. 세상에 얼굴을 내놓고 자기 목소리를 내는 피해 당사자가 많지 않다 보니까 공개 활동을 시작하면 여러 매체에 등장하게 된다. 직접 보고 겪은 진실을 알려야 한다는 대의와 사명감으로 임하고 있지만, 그럼에도 매번 같은 말을 반복해야 하는 어떤 '지겨움' 같은 게 그분들에게 있지 않을까, 하는 우려와 궁금증이 있었다. 그래서 자립준비청년 단행본 작업에서 이미 캠페이너로 활동해온 손자영 님과 허진이 님을 섭외할 때도 미안한 마음이 앞섰다. 나야 처음 듣지만 그들은 같은 말을 반복해야 할 테니까. 그래서 진이 님에게 물어보았다. 인터뷰에 응하는 마음이 어떤 것이었는지 듣고 싶다고.

그는 흔쾌히 말문을 열었다.

"사실은 은유 작가님이랑 얘기해볼 기회가 생긴다고? 이게 가장 큰 마음이었는데, 두 번째로는 저는 인터뷰를 되게 많이 해봤잖아요. 근데 식상하고 되게 얕은 질문들을 너무 많이 받거든요. 그러니까 맨날 똑같은 말만 해요. 어떻게 자랐고, 시설은 어땠고, 자립 교육은 어땠고. 그냥 이 정도의 것으로만 끝나거든요. 은유 작가님은 어떻게 다를까? 어떻게 다르게 하실까? 왜냐하면 책을 봤을 때 그 감수성이 남다르다 생각했으니까."

듣는 내내 마음이 점점 쫄렸다. (기본적인 사항을 빠뜨릴 수 없다는 핑계로) 시설은 어땠고, 자립 교육은 어땠고가 내 질문 목록에도 있었다. 결론은 은유도 별거 없다가 되어야겠지만 유교 문화권에서 사회화된 K-후손들은 본인 앞에서 그렇게까지 모질게 말하지는 않으리란 믿음으로 다음 문장을 기다렸고, 그는 기대를 저버리지 않았다.

"역시나 은유 작가님은 되게 특이한 걸 궁금해하시던데요? 제가 해보지 않은 답변을 되게 많이 했고 그런 것들이 좋았어요. 사실 인터뷰를 통해서 저는 자립준비청년이 어떻게 소비되는지 약간 예측을 할 수가 있거든요. 근데 다양한 질문을 해줬을 때에 여지가 생기는 그 기분이 되게 좋았어요."

내가 한 특이한 질문이 뭐였을까. 묻고 싶었지만 더 구체적으로 칭찬을 받고 싶어 하는 제스처로 보일까 걱정되어 말았다. 또 그냥 한 말인데 물고 늘어지면 상대가 당혹스러우니까. 여하튼 좋았다니 다행이고 다정하게 말해주어 고맙다고 인사를 건넸다. 그렇게 두 번째 만남, 별자리 인터뷰는 훈훈하게 마무리되었다. 진이 님의 따뜻한 말들 속에서 기억해야 할 메시지는 이것이 아닐까. 인터뷰이가 인터뷰에 웃으며 응하고 있더라도 속으로는 무언가를 견디고 있다는 것. 그러니 인터뷰이가 식상한 이야기를 최대한 적게 말하게끔 성의를 다해 준비할 책임과 의무가 인터뷰어에게 있는 것이다.

반면에, 인터뷰이에게는 권리가 있다. 불편한 질문, 내키지 않는 질문에 답하지 않을 권리.

『있지만 없는 아이들』 인터뷰를 위해 미등록 이주아동을 만났을 때다. 질문지를 테이블 위에 놓아두었는데 테이블 폭이 좁아서 인터뷰이가 고개를 조금만 앞으로 하면 내용이 보일 정도였다. 나는 "한번 보실래요? 오늘 나눌 이야기예요"라고 말하며 한 장 여유분을 건네주었다. 그런데 그가 질문지를 읽어 내려가는 듯싶더니 손에 쥐고 있던 볼펜으로 두어 군데에 줄을 옆으로 길게 그었는데, 그 손동작에서 어딘가 신경질적인 힘이 전해졌다.

그걸 본 나는 너무 놀라서 가슴이 콩닥거렸고 '저 질문이 싫구나' 하는 데 생각이 미치자 당황스러웠다. 인터뷰이가 불만족스러운 감정이 남아 있는 상태로 인터뷰를 진행하면 속 깊은 이야기가 나오기 어렵다는 판단이 들었다. 그래서 그에게 조심스레 말했다.

"이 질문지는 그냥 오늘 나눌 이야기를 적어본

거예요. 다 대답할 필요 없고요. 물론 대답하기 싫은 건 패스해도 돼요. 그리고 원고를 쓰면 보내드릴 거거든요. 읽어보고 빼거나 고치고 싶은 부분 있으면 의논할 수 있어요. 그리고, 나중에 만에 하나, 혹시라도 마음이 변해서 책에서 빠지고 싶으면 그렇게 해도 돼요. 저야 너무 아쉽겠지만, 그래도 제일 중요한 건 ○○○님 마음이니까요."

나의 진심이었다. 아무리 세상에 필요하다는 믿음에서 인터뷰를 하고 책을 쓴다고 한들, 책이 사람보다 우선하지 않는다. 가장 중요한 건 인터뷰이의 삶이고 한 사람의 마음이다. 남의 마음을 다치게 하면서까지 해야 하는 일은 없다고 생각한다. 하지만 감정은 또 변하니까 시간을 두고 다시 판단해도 좋다고 제안한 것이다. 그렇게 말하고 나자 나도 마음이 좀 편해졌고 그도 안심하는 것 같았다. 무사히 취재를 마치고 헤어졌다.

몇 달 후 책이 출간되고 인터뷰이를 소개해준 활동가 선생님에게 문자메시지가 왔다. ○○○를 오래 알고 지냈는데 몰랐던 이야기를 인터뷰에서 많이 했더라며 역시 작가님이라서 이야기를 끌어내는 능력이 다른 거 같다고 한참 덕담을 건네주셨다. 기분이 좋았지만, 엄연히 말해서 이건 나의 능력에서 나왔다기보다 보편적인 심리에서 나온 성과가 아닐까 싶다. 원래 잘 아는 사이보다 생판 모르는 사람이 속이야기 꺼내기가 편한 측면이 있다. 자신에 대해 편견이 없는 사람이고 일상생활에서 이해관계로 얽힐 일이 없기 때문에 '나중'을 걱정하지 않아도 되니까 말이다. 같은 이유로 글쓰기 수업에서도 "이런 얘기 아무한테도 한 적 없다, 여기서 처음 꺼내놓는다"라며 자신의 인생 비밀을 글로 터놓는 경우가 무척 많다. 이래저래 인터뷰를 하고 글쓰기 수업을 하다 보니 내 몸은 사람들의 비밀 사물함이 되었다.

모른다는 것을 아는 사람

> 고여 있지 않고 주변으로 새어나가는 것이 생명의 조건이다.
>
> — 팀 잉골드, 『조응』에서

"내 얘기 잘 써줘. 아무리 이런 일이라도 유머러스하기도 하고 그래야지."

때는 2016년 3월 27일. 광주송정역 건너편 건물 주차장에서 만난 박순애 선생님이 건넨 첫마디다. '유머러스하게라니!' 그 순간의 놀라움이 아직도 잊히질 않는다. 나는 그의 청춘에 들이닥친 역사적 비극을 열심히 예습한 나머지 한껏 비장함에 절여진 채 광주로 내려갔는데, 그런 내 속내를 들여다보기라도 한 듯 그가 "이런 일"이라도 "유머러스"해야 한다고 당부했다. 이런 일이란 대관절 무슨 일인가. 박순애 선생님은 간첩조작사건에 연루돼 간첩 누명을 쓰고 12년 3개월 옥살이를 하고 30년 만에 무죄 판결을 받은 분이다. 간첩도 아닌데 간첩으로 몰려서 청춘의 12년 3개월을 갇혀 지낸 것이다. 억울한 사건 하나로도 열두 시간, 열이틀 잠 못 자고 뒤척이는 나 같은 소인배로서는 가늠할 수 없는 고통의 시간과 깊이를 통과한 분이 내게 요구했다.

비극을 웃음으로 승화시켜달라고.

 아직은 바람 꼬리가 매운 초봄이지만 선생님의 말씀은 기세 좋은 봄볕처럼 가슴에 내리꽂혀서 웅크린 몸을 펴게 해주었다. 내 비록 유머러스하게 쓸 자신은 없었지만 괜찮았다. 선생님이 유머러스하게 들려주는 이야기를 잘 들어두면 그만이다. 예감은 틀리지 않았다. 선생님은 감옥에서 배추를 심고 재배해 김치를 담가 먹은 이야기를 신명 나게 들려주었다. 네? 감옥에서 김치를요? 어찌어찌 고춧가루를 수급하여 버무렸다며 "다 할 수 있다"고 했다. 감옥이라고 하면 쇠창살, 죄수복, 고문 정도의 이미지만 연상할 수 있는 나로서는 도무지 상상 불가였지만, 연신 고개를 끄덕거리며 이야기에 빠져들었다. 선생님의 슬기로운 감옥 생활을 듣고 난 소감은 '거기도 사람 사는 곳이구나'로 모아졌다.

 박순애 선생님을 만난 건 국가폭력피해자를 지원하는 시민단체 '지금여기에'에서 기획한 간첩조작사건 인터뷰집 작업을 위해서였다. 시작 단계부터 내게 온 일은 아니었다. 이미 활동가들이 기록 차원에서 피해자분들을 만나고 인터뷰를 마친 상태였다. 그런데 녹취를 풀고 보니 이 방대한 구술 자료를 정리할 전문가가 필요하겠다고 판단해 나에게 의뢰한 것이다. 처음엔 거절했다. 그런 역사적 사건을 다룰 만한 자격이 없다 생각했고, 나의 관심은 여성, 노동 분야이기에 국가폭력은 잘 모른다며 선을 그었다. 사실 그닥 알고 싶지 않았다는 게 솔직한 심정이었다. 전쟁과 분단이라는 주제는 내게 너무 거대했고, 독재정권 권력자들이 몇십 년간 저지른 악행을 파고들 자신이 없었다.

그런데 '지금여기에'의 변상철 사무국장님이 이 책은 가해자에 대한 기록이 아니라고 했다. 피해자들이 어떤 삶을 살다가 감옥에 갔고, 감옥에서 어떻게 살았고, 감옥을 나와서 어떻게 일상을 복구했는지, 피해자 가족들은 어떤 삶을 살았는지 등등 그분들이 국가폭력이라는 최악의 상황에서 삶을 지켜온 이야기, 즉 '일상'을 중심으로 다루고 싶다고 했다. 그분들의 사는 이야기가 지금 삶의 어려움에 처한 젊은이들에게 용기를 주면 좋겠다는 말도 덧붙였다. 나는 '일상'이라는 키워드에 설득되었다. 삶에 느닷없이 닥친 '폭력'을 당하고도 '존엄'을 지켜온 삶의 서사에 초점을 맞춘다면 할 수 있을 것 같았다.

노동 강도는 예상보다 훨씬 혹독했다. 사과 박

스에 담겨 온 인터뷰이들의 재판 자료는 한자투성이에 법정 용어로 되어 있어 도무지 독해가 안 되었다. 녹취록을 읽어봐도, 내가 직접 한 게 아니라서 대화의 맥락이 잡히지 않았다. 그래서 기존의 자료를 토대로 한 윤문이나 리라이팅 정도로 생각했던 애초의 계획을 전면 수정해야 했다. 인터뷰는 사람을 만나지 않고 자료만 보고는 쓸 수 있는 장르가 아니다. 그래서 취재 일정부터 잡았다. 제주도, 강원도 인제, 전라도 광주, 인천 등 전국을 돌며 일곱 분의 어르신들을 인터뷰하는데 그 과정에 박순애 선생님을 뵌 것이다.

『폭력과 존엄 사이』는 내 글쓰기 인생에 변곡점이 되어주었다. 나를 무너뜨리고 흔들어놓았다. 가령 간첩조작사건피해자라고 했을 때 나는 으레 중장년 남성의 얼굴을 떠올렸다. 드라마에 나오는 의사가 죄다 남자였듯 어릴 때 〈수사반장〉이라는 드라마에서 본 간첩도 거의 남자였다. 낡은 잿빛 점퍼와 벙거지 모자 같은 걸 쓰고서 어둑한 데로만 다니는 음습한 이미지. 그런데 이 책을 위해 첫 번째 만난 인터뷰이 김순자 선생님은 여자였다. 박순애 선생님도 여자였다. 간첩(피해자)도 여자가 있었다!

그리고 김순자 선생님은 1945년생으로 그 시대에 딸로 태어난 여자아이가 그렇듯 초등학교도 채 다니지 못하고 아홉 살부터 집안의 노동력으로 동원되어 밭일을 하고 살림을 맡느라 배움의 기회를 잃었다. 결혼해서도 배우자의 외도와 폭력을 겪었다. 간첩사건에 연루되어 옥살이를 한 이후에는 간첩이라는 낙인에 기혼 여성이라는 약점이 더해져 취업이 불리했고 빈곤을 벗어나기가 어려웠다. 이것은 분단국가에서 태어난 여자의 일생이 아닌가. 그는 국가폭력의 피해자이기만 한 게 아니라 내가 관심을 둔 노동문제, 여성문제, 빈곤문제의 피해자이기도 했다. 이렇듯 한 사람의 생애에는 다층적인 억압과 모순이 교차한다. 그 사실을 이 책 작업 과정을 거치며 몸소 깨우쳤다. '이건 국가폭력 사건이라서 안 하고 싶다'라는 내 생각은 한 사람을 고정된 사물처럼 본 데서 나온 편협한 판단이었다. 위험을 감수하지 않으려는 어리석은 태도였다.

제주도에서 간첩사건피해자 어르신들이 모였을 땐 한 분이 "우린 전직 간첩들이야"라는 농담을 던지고 다 같이 웃었다. 그들은 모두 '간첩의 얼굴'이 아니라 당연하게도 '사람의 얼굴'을 하고 있었다. 그 후로 나는 시장이나 승강기나 지하철에서 어르신들을 보면 저절로 눈길이 따라가는 사람이 되었다. '저이의 평범한 얼굴에는 어떤 굴곡진 사연이 들어 있을까' 상상하느라 머릿속이 분주했다. 사람에 대해 안다고 생각하지 않고 사람에 대해 모른다는 것을 아는 사람, 그래서 사람에 대해 생각하는 사람이 되었다. 내가 아는 게 전부가 아니라는 것. 나는 무엇이든 아주 조금밖에 모르고 세상과 일부만 닿아 있다는 사실은 나를 바쁘게 만들었다. 해보기도 전에 판단하고 선을 긋기보다 일단 해보는 편을 택하게 했으니까.

『폭력과 존엄 사이』 이후 『출판하는 마음』 『알지 못하는 아이의 죽음』 『있지만 없는 아이들』 『크게 그린 사람』 『우리는 순수한 것을 생각했다』까지 여섯 권의 인터뷰집이 그 결과물이다. 막상 시도하면 예상치 못한 삶의 진경이 펼쳐진다는 경험이 나를 계속하게 했다. 사람 만나는 거 지겹지 않으세요? 라고 누가 물으면 대답한다. 아직은요. 사실 사는 건 지겨울 때가 많은데, 인터뷰를 통해 활력을 수혈받고 나면 그래도 삶은 살 만하다는 믿음이 돌아오곤 했다. 삶에 대한 경이를 느낀다. 세상에 똑같은 얼굴이 없듯이 똑같은 삶도 없다면 똑같은 인터뷰도 없다.

　　지금껏 몇 명을 만났는지 세어보지 않았고 앞으로도 그러지 않을 참이다. 인터뷰에서 느낀 다채로운 감정, 열망, 각성, 부끄러움, 혼란, 희열 같은 어마어마한 체험을 숫자에 가두고 싶지 않다. 무엇이든 통계로 만들고 나면 단순해진다. 계량화되고 서열이 생기니, 안 좋은 것만 남는 것이다. 복잡함과 다면성과 모호함이 사라진 존재나 이야기만큼 시시한 게 없지 않은가. 내 인터뷰 작업의 외적인 통계와 별개로 과장 없이 말할 수 있는 진실은 있다. 그간 만난 이들의 언어와 생각과 태도가 침투해 내 속성이 조금씩 바뀌었다는 것. 인터뷰에서 귀동냥한 생활의 지혜와 실천 덕분에 조금이나마 사람 노릇을 고민하며 살 수 있었다. 그러므로 나는 내가 만난 사람의 총합이다, 라는 선언은 가능하다. 내가 오롯이 나이기만 하지 않다는 사실은 크나큰 위안과 낙관을 준다. 언제까지 타인은 나를 물들일까. 그건 좀 궁금하다. 물드는 존재가 되기 위해서는 흡수가 잘 되는 재질이어야 하므로 전적으로 내 몫이겠지만.

에필로그

> 누군가의 애쓰는 삶이
> 멀리 떨어진 누군가를 구한다.
> ─ 황정은, 『일기』에서

    생애 첫 인터뷰이가 황금례 님이었고, 가장 최근 인터뷰이는 뮤지션 안예은 님이다. 황금례 선생님은 30년 세월을 묵묵히 봉사에 헌신하신 평범한 시민이었고, 안예은 님은 열심히 일해서 번 돈을 여러 단체에 척척 기부하는 삼십대 예술노동자다. 영남 지역에 큰 산불이 났을 때 1천만 원을 냈으며 지난해 연말에는 한국심장재단, 세이브더칠드런코리아, 전태일의료재단건립기금에 각각 1천만 원씩 도합 3천만 원을 기부했다. 황금례 선생님이 왼손이 한 일을 오른손이 모르게 하는 '옛날 사람' 타입이었다면, 안예은 님은 이체 내역 인증샷을 SNS에 올리는 'MZ세대'다. 나의 자랑스럽고 사랑스러운 인터뷰이들. 황금례 선생님을 만났을 때 난 서른다섯이었고, 안예은 님을 만나는 지금은 쉰 넷이 되었다. 무려 20년이 흘렀지만 자기만의 방식대로 나누는 삶을 실행하는 사람이 여전히 있고, 그래서 나는 아직도 인터뷰어로 일하고 있다. 얏호!

안예은 님은 『시사인』에 연재하는 '은유의 먹고사는 일' 인터뷰이로 만났다. 이 코너가 일하는 사람들을 위한 병원의 필요성을 알리는 데 목적이 있기에 전태일의료재단건립기금 기부자인 그가 인터뷰이로 낙점되었다. 또한 그는 심장병, 우울증, 아토피 등 자신의 반려병에 대해 거리낌 없이 말하고 드러내는 젊은 여성 시민이기도 하다. 여러모로 사랑과 용기의 메시지를 전하기에 적합한 인물이 아닐 수 없었다.

인터뷰이가 일주일 전에 결정되었다. 평소보다 준비 시간이 빠듯했기에 나는 남은 시간을 '안예은 덕질 주간'으로 보냈다. 정규 앨범부터 정주행을 시작하고 유튜브로 데뷔 무대 영상을 찾아보고 기사를 검색했다. 이 모든 것을 하는 사이사이 하루만에 도착한 그의 책 『안 일한 하루』를 읽다가 잠들었다. 자나 깨나 안예은!

노래만 절창이 아니라 글도 술술 쓴다. 저자의 진지함과 엉뚱함에 끌려들어가 재미나게 읽는데 본문에 딱 인터뷰 관련 언급이 나오지 무언가. 이런 내용이다.

전달 매체가 어떤 것이든, 거의 모든 인터뷰는

'앞으로의 목표'라는 질문으로 끝난다. 나는 항상 '음악이 직업인 삶을 최대한 길게 유지하는 것'이라고 대답한다.*

읽는 순간 크큭 하고 웃음이 났다. 누가 나를 내려다보고 있는 것 같은 데서 나오는 무안한 웃음이었다. 책의 좋은 점이다. 상대방의 입장이 되어볼 수 있다는 것. 그런데 인터뷰를 진행하는 입장에서 그럴 만한 이유가 없지는 않다. 인터뷰가 주로 '계획'으로 끝나는 건 독자에게 숙제를 내주는 느낌이다. 인터뷰가 끝나도 인터뷰이의 삶은 끝나지 않으므로, 이 사람에게 지속적이고 많은 관심을 부탁한다는 의미의 '많관부' 엔딩인 것.

잠깐 호기심이 발동하기도 했다. 안예은 님을 만나면 1번 질문으로 앞으로의 목표를 먼저 물어보고 역순으로 이끌어볼까. 아마 조금 이색적이고 실험적인 인터뷰가 될 테지. 뷔페식당에서 후식인 과일과 케이크부터 먹고 나중에 메인 요리를 먹는 일처럼. 그렇지만 인터뷰는 내 위장에 교란이 일어나는 정도에서 그치는 개인사가 아니고 타인과 매체

* 안예은, 『안 일한 하루』, 웅진지식하우스, 2022.

의 위신을 지켜야 하는 협업이므로 상상만 했다.

    인터뷰 전에 기획사에서 질문지를 요청했다. 『시사인』 연재 코너를 담당하는 장일호 기자랑 콘셉트를 논의하고 질문 내용을 확정했다. 나는 아까 보던 유튜브를 마저 볼 요량으로 "이제 난 또 안예은 특강 들으러 갑니다"라고 문자메시지를 보냈다. 장일호가 무리하지 말라며 덧붙였다. "너무 많이 알고 가도 인터뷰 재미없어요. 가서 안다는 마음으로 가요."

    맞는 말이다. 관계에도 거리가 필요하듯 관심의 여백을 남겨두는 것도 인터뷰 준비의 기술이다. 내가 쌓은 정보와 느낌만 확인하고 오는 인터뷰가 가장 안 좋은 인터뷰겠으나, 잘 알아야 실례가 아닐 것 같기도 하고, 인터뷰 준비의 끝은 도무지 가늠이 어렵다.(죽어야 고생이 끝난다는 어머님 말씀이 떠오른다.) 안예은의 책과 인스타그램에는 그가 덕질하는 일본 뮤지션 요네즈 켄시 이야기가 나오는데 나는 잘 모르는 뮤지션이다. 유튜브에 검색해서 미모를 확인하고 노래를 들어보았다. 안예은은 작년에 기획사를 DSP미디어로 옮겼다. 그 옛날 핑클, 젝스키스를 키워낸 전설의 기획사인데, 요즘은 소속 가

수가 누가 있나 검색하고 등등 그러다가 인터뷰를 나갔다.

    기획사 사무실에 가보는 건 처음이다. 로비에 트로피 같은 게 진열돼 있는 것만 빼면 사무실 구조나 직원들 구성은 다른 회사와 다를 바 없었다. 약속한 시간이 되자 안예은 님이 회의실에 들어온다. 그가 온다. 일주일간 나의 솔메이트가 되었던 이다! 내적으로 거의 죽마고우급의 친밀감을 느끼고 있었는데 실제로 보니까 어쩐지 낯설다. 반갑고도 부끄러운 감정이 들었다. 인사를 나누는데 카메라를 들고 있는 사진기자를 본 안예은 님이 묻는다. "어, 오늘 사진도 찍나요?" 그렇다고 하니까 혼잣말처럼 "입술이라도 발라야겠네요" 한다. "네, 바르고 오세요" 했더니 "여기서 하면 돼요" 하고는 바지 주머니에서 립글로스를 꺼내어 입술로 가져가 슥 터치한다. 책에서 본 대로 소탈하고 단단하다. 마주 앉았다. 인터뷰 시작. "이번에 기부를 하셨잖아요. 연말에도 세 군데 하셨고요. 어떤 마음으로 기부하는지 듣고 싶어요." "그냥 지금 할 수 있는 것을 하자는 생각이죠." "아, 네."(이거 인스타에서 본 문장이네.)" 순간 사고가 중지되고 초조해진다. 단답형 답변은 현기증을 유발한다. 너무 공부를 많이 하고 왔나. 어색함 모드를 해제하고자 약간 목소리 톤을 높여서 되물었다. "아, 그렇죠. '지금 할 수 있는 것을 하자'고 인스타에도 쓰신 거 봤어요. 근데 왜 어떤 계기로 예은 님에게 기부가 할 일이 됐는지 그게 좀 궁금하더라고요."

두 시간에 걸친 인터뷰가 끝났다. 건물 밖으로 나오자마자 장일호가 묻는다. "처음에 왜 이렇게 떨었어요?" '너답지 않게'의 뉘앙스였다. 그래서 "몰라. 맨날 해도 맨날 떨려. (개)힘들어─"하고 투정을 부려보았다. 이놈의 인터뷰, 언제쯤 쉬워질까. 집에 오면 한숨 돌리고 원고 쓰기 단계가 시작된다. 일단 녹취 파일을 '안예은_녹취원본.hwpx'로 저장한다. 원본은 고스란히 저장해야 하므로 일독을 하고 나면, '녹취원본_정리.hwpx'로 해놓고 문장을 다듬는다. 원고를 쓸 때 팩트를 체크하기 위해 '안예은_자료.hwpx'를 열어둔다. 마침내 원고를 쓰기 위한 빈문서를 연다. 최종 목표는 녹취 120매를 30매로 줄이기. '안예은_초고.hwpx'로 저장한 문서에다 첫 문장부터 쓰기 시작한다. 다음 날 '안예은_초고1.hwpx', 그다음 날은 '초고2.hwpx', 다다음 날 '초고3.hwpx'로 갱신한다. 같은 문서에서 계속 수정작업을 하지 않는 이유는 안 고친 글, 이전 게 나은 경우가 있을 때 필요해서다. 얼추 초고가 나오면 단어나 문장을 고치고 표현을 다듬고 맥락을 손보는 퇴고를 시작한다.

글쓰기에서 퇴고의 중요성은 말해 무엇하랴. 인터뷰 원고는 퇴고를 평소보다 두 배는 해야 한다고 생각한다. 누차 강조하지만, 글 한 편에 인터뷰어와 인터뷰이 두 사람의 삶과 명예가 걸려 있기 때문이다. 퇴고에 관한 최고의 명언 "퇴고는 관계를 연습하는 방식"*은 인터뷰 원고에서 더욱 명심해야 할 마음가짐이다. 인터뷰이와 인터뷰어의 관계, 인터뷰어와 독자의 관계를 떠올리며 퇴고한다. '내가 들은 이야기가 왜곡 없이 전달되었는가' '내가 느낀 것을 독자도 느낄 수 있는가' '이것이 세상에 도움이 되는 이야기인가' 생각하며 고친다. 마지막으로, 인터뷰 기사이기에 주제보다 사람이 보여야 한다. 이 원고를 읽고 9년 차 뮤지션, 반려병과 동거하는 여성 청년, 사회적 환원을 실천하는 시민인 한 사람이

---

* 조지 손더스, 『작가는 어떻게 읽는가』, 정영목 옮김, 어크로스, 2023.

보이는가? 정리가 되면 '안예은_원고.hwpx'로 저장한다. 원고를 소리 내서 읽어보고 묵독으로는 안 잡히는 문장의 어색함을 수정한다. 마지막 퇴고. 최종 파일명은 '안예은_시사인.hwpx'로 저장한다.

    그리고 결심한다. 다시는 원고를 보지 말자. 보면 또 고치고 싶으니까. 그런데 역사적인 4월 4일 대통령이 탄핵되고 다음 날 탄핵 축하 무대에 이한철 밴드가 올랐다는 기사를 보았다. 인터뷰 이전에 나에게 이한철은 밴드 불독맨션의 리더였지만 이후엔 '안예은 스승'이 된 사람이다. 실제로 인터뷰에서 몇 번 이름이 나왔는데 분량 문제로 넣지 못했다. 탄핵 집회에 나온 뮤지션들은 집회를 축제로 만들어 민주주의의 승리를 이끈 또 하나의 주역들이다. 예술과 정치를 분리하려는 권력층의 수작에 저항하는 이름을 활자로 남겨놓아야 한다는 의무감이 발동해서, 나는 다시 원고를 열었다. "열여덟에 작곡을 시작했고 대학에서 영상음악계열을 전공했다"라는 기존의 문장을 슬쩍 고쳤다. "열여덟 살에 작곡을 시작했고 대학에서 이한철을 교수로 만나 작곡을 공부했다"로. 윤전기가 돌아가야 인터뷰도 끝이 난다.

부

록

How to Interview

1장
마음가짐

note

인터뷰는 타인의 삶으로 깊이 들어가보는 공동 작업이다. 인터뷰이의 살아온 경험과 생각을 통해 '사람답게 산다는 것은 무엇인가' 등 지혜와 정보를 얻는다. 한 사람을 외적인 요소로 쉽게 단정하지 않고 삶이라는 과업을 수행한 대단한 인물, 복잡한 감정과 느낌의 존재로 바라볼 때 좋은 인터뷰가 가능하다.

summary

- 지금까지 살아왔다는 것은 누구나 자기 이야기가 있다는 뜻이다.
- 누구나 인터뷰이가 될 수 있다.
- 그냥 사는 사람은 없다, 그리 대단한 사람도 없다.
- 숭배와 혐오는 동전의 양면이다.
- 좋은 인터뷰는 타인을 거울삼아 나를 돌아보게 한다.
- 인간에 대한 편견을 깨고 이해를 높여 공동체의 소통과 성숙에 기여한다.

2장
관찰하기

note

일상에서 만나는 사람, 스치는 사람은 모두 인터뷰 대상이다. 겉모습과 말투, 표정 등을 관찰하고 저이는 어떤 삶을 살았을까, 어떤 아픔을 겪었을까 상상해보자. 어느 집단에서 눈에 띄고 대접받는 사람보단 안 보이는 사람에게 새로운 이야기가 있을 가능성이 크다. 학교라면 교장보다 급식노동자. "예술은 눈에 보이는 것을 재현하는 것이 아니라 눈에 보이도록 만드는 것이다."(파울 클레)

summary

- 택시 기사의 말, 카페나 식당에서 들리는 대화 등 목소리를 수집해보자.
- 한 사람을 그만의 매력, 단 한 가지 특징, 하나의 단어로 설명해보자.
- 내 눈에는 누가 보이는가, 누가 보이지 않는가. 나를 관찰해보자.

3장
섭외하기

note

섭외는 내 필요와 목적으로 타인에게 시간과 마음을 내달라는 요청이다. 쉽게 성사되지 않는 것이 기본값이다. 또 이야기 약탈자가 아니라 이야기 전달자로서 품위를 잃지 않고 인터뷰의 취지를 설득해야 한다. 섭외할 때는 쉬운 길과 어려운 길이 있다면 어려운 길을 택하고, 거절에 실망하지 않고 씨앗을 뿌리는 마음으로 임한다.

summary

- 인터뷰의 목적과 쓰임 등 섭외 이유를 간결하게 정리해 메일로 보낸다.
- 내용이 너무 장황하면 핵심 메시지가 가려진다. '왜 만나자고 하는 거지…?'
- 지인의 소개로 접근하기보다는 메일이나 SNS 등을 통해 직접 연락하는 게 좋다.
- 인터뷰 제안을 거절당했을 경우, 재시도할지 단념할지는 그때 상황을 보고 판단한다.
- 나의 목적에만 사로잡혀 타인의 삶을 도구화하는 건 아닌지 스스로를 돌아보자.

4장
준비하기

note

인터뷰는 짧은 연애다. 타인의 마음을 얻는 일이다. 자료 조사는 마음 얻기의 핵심이자 대화의 레벨을 맞추는 과정이다. 기본적인 사항도 찾아보지 않고 대충 준비해 온 사람에겐 대충 대답하게 되는 게 인지상정. 알아야 궁금한 것도 생긴다. 인터뷰할 때 모르는 내용이 나올 경우 모른다고 말할 수 있을 정도로 최선을 다해 준비한다. 인터뷰는 내 것을 내어주고 남의 것을 얻어온다는 점에서 '삶과 삶의 합작품'이다.

summary

- 인터뷰이의 인생 전반을 들으려고 하기보다 주제를 좁혀 접근한다.

    예) 엄마의 살아온 이야기를 듣는다.(X)

    엄마에게 배움에 대한 생각을 듣는다.(O)

- 나이, 직업, 활동 등 기본 사항을 반드시 체크하고 관련한 책을 미리 읽어둔다.
- 질문은 10개에서 15개 사이로 준비한다. 독자가 꼭 알아야 하는 것, 인터뷰어가 궁금한 것, 진지한 것, 사소한 것 등 완급을 조절하며 구성한다.
- 인터뷰어의 관심과 욕망이 투영된 질문이 있어야 인터뷰가 고유해진다.
- 감사의 표시로 양말, 쿠키 같은 작은 선물을 챙긴다.

5장
질문하기

note

인터뷰이는 초반에는 긴장하지만 시간이 흐르면 점차 마음을 열고 인터뷰어를 '벽에 붙은 파리'처럼 크게 의식하지 않으면서 이야기를 술술 풀어놓는 상태에 이른다. 인터뷰의 핵심 메시지는 분위기가 무르익은 후반에 나오는 경우가 많다. 인터뷰어는 말하게 하는 사람이지, 말하는 사람이 아니기에 마중물 부어주는 정도로 질문을 던진다. 단, '명확한 것이 친절한 것'이라는 말도 있듯이 최대한 구체적으로 물어야 한다.

summary

- 상대방의 눈을 보면서 말하라. 시선은 공감의 기본 태도다.
- 곧장 질문지를 보지 말고 오기 전에 한 일 등 간단한 안부를 나눈다.
- 주변의 디테일, 액세서리, 심지어 노트북 바탕화면 등 사소한 건 사소하지 않다.
- 못 알아듣는 말이 나왔을 때 다시 설명해줄 것을 정중히 요청한다.
- 인터뷰이가 추상적으로 답할 경우 '예를 들어달라'고 부탁한다.
- 고통이나 상실로 인한 생각과 일상의 변화, 경험의 해석을 물어야 한다.
- 질문이 추상적이면 답하기 어렵다. 질문은 최대한 구체적으

로 던진다.

    예) "당신에게 일이란 무엇인가요?"(X)

    "일을 계속하는 동력이 있다면요?"(O)

- 답이 '예' '아니요'로 돌아오는 닫힌 질문은 피한다.

    예) "책 쓰는 게 어려웠나요?"(X)

    "책 쓸 때 어떤 점이 가장 어려웠어요?"(O)

6장
듣기

note
듣기는 자신의 판단과 가치 같은 선입견을 내려놓는 윤리적이고 적극적인 행위다. 서로가 다른 인생 경험, 상황, 관점을 가진 존재임을 명심한다. 인터뷰는 한정된 시간 안에 마쳐야 하는 둘만의 '공연'과 같아서 시간 안배의 기술이 무엇보다 중요하다.

summary
- 침묵을 견뎌라. 인터뷰는 과거를 복원하고 기억을 되살리는 일이다. 인터뷰이가 희미해진 인과관계를 살려내도록 차분하게 기다려준다. "당신이 할 말을 준비하는 동안 저는 들을 준비를 할게요."
- 섣불리 말허리를 끊거나 넘겨짚거나 안다는 듯 행세하지 말자.
- 인터뷰이의 말이 길어질 경우, 다른 질문이 남았음을 환기시킨다.
- 답변 중에서 중요한 날짜나 고유명사, 전문용어는 그 자리에서 체크한다.
- 인터뷰이의 고유한 말투, 습관, 표정 변화, 자주 쓰는 단어 등을 기록한다.

7장
쓰기

note

인터뷰 원고는 문답형과 산문형으로 나뉜다. 질문과 대답을 풀어 쓴 문답형은 사실성에 충실하나 가독성이 떨어진다. 질문과 대답을 이야기로 재구성한 산문형은 가독성이 좋고 메시지 전달력이 높다. '이 사람을 통해 무엇을 나누고 싶은가'라는 방향을 갖고 쓰지만, 다 읽고 났을 때 메시지보다는 매력 있는 '한 사람'이 보여야 한다.

summary

- 인터뷰이의 독특한 말과 행동, 습관, 표정 등을 그대로 살린다.
- 중대한 결정을 내린 순간, 그런 선택을 했던 요인을 집중적으로 다룬다.
- 녹취 풀기 → 문장으로 정리 → 주제별 단락으로 분류 → 구심력 있게 배치 순으로.
- 인터뷰이의 가장 고유한 이야기를 글의 첫머리에 넣어 독자의 호기심을 유발한다.
- 핵심적인 말과 재밌는 말은 '직접 인용'으로 넣어 강조한다.
- 여러 사건만 나열하고 있지는 않은가 확인한다. 글쓰기는 팩트의 나열이 아니다.
- 한 사람의 매력과 특징이 보이는가. 주제 문장이 있는가.
- 여운이 남는가.

나를 만든 세계, 내가 만든 세계
'아무튼'은 나에게 기쁨이자 즐거움이 되는,
생각만 해도 좋은 한 가지를 담은 에세이 시리즈입니다.
위고, 제철소, 코난북스, 세 출판사가 함께 펴냅니다.

아무튼, 인터뷰

초판 1쇄 2025년 6월 18일
초판 3쇄 2025년 11월 10일

지은이 은유
펴낸이 김태형
디자인 일구공
제작 세걸음

펴낸곳 제철소
등록 제2014-000058호
전화 070-7717-1924
팩스 0303-3444-3469

right_season@naver.com
instagram.com/from.rightseason

©은유, 2025

ISBN 979-11-88343-81-2 02810

이 책 내용의 일부 또는 전부를 재사용하려면 반드시 저작권자와 출판사
양측의 동의를 받아야 합니다.